NHK 100分 de 名著 ブックス

永遠平和のために

Zum ewigen Frieden

悪を克服する哲学

カント

Immanuel Kant

萱野稔人

NHK出版

はじめに——哲学の視点から平和の可能性を考える

平和について考えるとき、人類がこれまでいかに戦争と根深い関係にあったのかという点を無視することはできません。

人類の歴史とは戦争の歴史であったといっても過言ではないでしょう。事実、歴史を動かした重要な出来事の多くは戦争でした。

いまや多くの文化人類学者の研究によって、文明化されていない未開社会にも戦争があることが知られています。もちろんその戦争は私たちがイメージするような「国家」対「国家」の戦争ではありません。むしろその事実は、国家がない社会でも戦争は起こりうるということ、文明社会を捨てて原始社会に戻ったとしても戦争はなくならないということ、を示唆しています。

戦争はまた、人類にとって社会発展のモーターでもありました。人類は戦争で負けないように、さまざまな技術を開発したり、さまざまな社会制度を整備したりしてきたからです。軍事的な目的のために開発された技術が民間むけへと転用されて、社会のあり方を大きく変えた、という事例も少なくありません。身近なところで言えばインターネットがそうですね。

このように人類と戦争のあいだには根深い関係があります。逆説的な言い方をすれば、人類の存在そのものがその存在の否定を旨とする戦争のもとでなりたってきたのです。

もちろん人類は戦争を遂行することにのみ関心を注いできたわけではありません。戦争を防止し、平和を実現するためのさまざまな試みも同時になされてきました。

たとえば一六四八年に締結されたウェストファリア条約は、ヨーロッパで三十年にわたって繰り広げられてきた、カトリックとプロテスタントのあいだの宗教戦争に終止符を打つとともに、締結国のあいだで内政干渉を禁止することで、戦争を法（ルール）のもとで制御していこうとする試みでした。

また、一九二〇年に発足した国際連盟は、ヨーロッパを中心に大きな戦禍《せんか》をもたらした第一次世界大戦への反省から、国際平和を維持するために設立された国際機構でした。

しかし、こうした試みにもかかわらず、人類は戦争を完全になくすことには成功していません。ウェストファリア条約はその後一〇〇年以上にわたって繰り広げられたイギリスとフランスのあいだの一連の戦争を防止できませんでした。国際連盟は第二次世界大戦を食い止めることができませんでした。その失敗はあたかも、人間存在と戦争が根本的には切り離せないものであることを証明しているかのようです。

とはいえ、それでもなお私たちは、人類社会から戦争をなくし、恒久的な平和を実現するための試みをあきらめるわけにはいきません。では、そのための糸口を私たちはどこにみいだしたらいいのでしょうか。

イマヌエル・カントが書いた『永遠平和のために』という書物に私たちが注目する理由がここにあります。

本書では、このカントの著作を読み解きながら、人類社会から戦争を恒久的になくしていくためには何をなすべきなのか、そもそも人類社会から戦争をなくすことは可能なのか、といった問題を考えていきたいと思います。

イマヌエル・カントは十八世紀のヨーロッパを代表するドイツの哲学者です。カントの著作としては『純粋理性批判』『実践理性批判』『判断力批判』がとりわけ有名です。この三冊を「三批判書」と呼ぶこともあります。

ただ、正直なところ、この三批判書の内容はあまりに抽象的かつ難解で、専門家でさえ手を焼いてしまうほどのものです。十分な予備知識がないままこれらの著作を読もうとしても、おそらくほとんどの人が最初の数ページを読んだだけで挫折してしまうでしょう。

これに対して、本書で取り上げる『永遠平和のために』は、抽象的な問題ではなく現実の社会における具体的な問題を論じていますので、三批判書に比べるとかなり読みやすい内容となっています。

分量的にもコンパクトです。文庫本の日本語訳だと一〇〇ページを少しこえるほどでしょうか。もちろんその内容をきちんと理解しようとすれば、読むのにそれなりの時間がかかってしまうかもしれません。が、それでもカントの著作のなかではもっとも手軽に読める著作の一つです。

現在、『永遠平和のために』には数種類の日本語訳が出版されています。本書では、光文社古典新訳文庫の『永遠平和のために／啓蒙とは何か　他3編』（中山元訳）に収録された日本語訳をもちいたいと思います。

『永遠平和のために』の原著が出版されたのは一七九五年です。いまから二〇〇年以上も前のことです。そう聞くと、読者のなかには「そんな昔の古くさい哲学書にいまさら読む価値なんてあるの？」と感じる人もいるかもしれません。

しかし、この原著が出版されたのはフランス革命の直後、つまりヨーロッパにおいて近代的な国民国家の原型がつくられつつあった時代であり、また現代へとつうじる国際関係のあり方が姿をあらわしつつあった時代です。それゆえ、この著作においては現代の国家や国際関係の問題が、より直截《ちょくせつ》的なかたちで論じられています。ものごとの根本にまでさかのぼって戦争と平和の問題を考えるためには、むしろこの著作は格好の素材なのです。

さらに言えば、『永遠平和のために』にはカント哲学のエッセンスが随所にちりばめられています。とりわけ、カントの道徳哲学や政治哲学の核心といっていい考えが平易な表現のもとで展開されています。

これはカントの哲学を学ぶうえで非常に大きなメリットです。というのも、カントの哲学には固有の用語がたくさん使われているからです。これまで多くの人がそのカント固有の用語をまえにとまどい、そしてつまずいてきました。しかし『永遠平和のために』にはそうしたカント固有の用語がほとんどでてきません。そのため私たちはこの著作によってカント固有の用語にとまどうことなくカント哲学の根本的な考えをたどることができるのです。まさに『永遠平和のために』はカント哲学の入門としてもぴったりなのです。

本題に入るまえに、あらかじめ断っておきたいことがあります。『永遠平和のために』はそのタイトルから予想されるような理想論が書かれている本ではまったくありません。むしろそのタイトルから予想される内容とは正反対の本です。理想論が結局は「人びとが道徳意識をより高めれば問題は解決する」という議論に帰着するのだとしたら、このカントの著作は逆に「人びとが決して高い道徳意識をもたなくても問題解決の可能性はあるのか」という問題意識に貫かれています。

別の言い方をするなら、カントはこの著作のなかで「人間の本質とは何か」「国家や法をなりたたせている原理とは何か」といった問題にまで踏み込んだうえで、理論的に永遠平和を可能にする条件を取り出そうとしています。

哲学の視点から戦争や平和を考えると、それまで明確には気づくことのなかった「人間や社会の本質」がみえてきます。そこにこそ、カントの『永遠平和のために』を読む本当の意味があります。

目次

第1章 ― 誤解されやすいカントと『永遠平和のために』

遅咲きの哲学者カント

まずは『永遠平和のために』の著者であるイマヌエル・カントの生い立ちと人となりについて簡単に紹介しておきましょう。

カントは、一七二四年にプロイセン[*1]のケーニヒスベルク[*2]（現・ロシア領カリーニングラード）で生まれました。父は実直な馬具職人で母は熱心なキリスト教徒、という篤実《とくじつ》な家庭で育ちました。

カントは幼い頃から勉学に励み、十六歳のときにケーニヒスベルク大学に進学します。もともとは神学を志して入学したものの、当時ニュートン[*3]の活躍が大きな話題になっていたこともあって、大学ではニュートンやライプニッツ[*4]の自然学などを熱心に学んだと伝えられています。

大学卒業後、カントはしばらく家庭教師などで生計を立てていましたが、その後、大学講師、王立図書館司書を経て、四十六歳のときに母校ケーニヒスベルク大学の哲学教授に就任します。これ以降カントは、哲学のほか、地理学や自然学などさまざまな講義をおこないながら、研究に没頭する日々を過ごしました。

哲学教授に就任してから十年ほどのあいだは、カントは学術的にはさほど目立った活動をしていません。カントの名を一躍哲学界にとどろかせたのは、一七八一年に刊行された『純粋理性批判』です。このときすでにカントは五十七歳になっていました。遅咲きの哲学者と言っていいのかもしれません。

この『純粋理性批判』はのちに発表された『実践理性批判』『判断力批判』と合わせてカントの名を哲学史に残すとともに、「ドイツ観念論*5」と呼ばれる哲学史上の大きな流れをつくりだすことにもなりました。

カント教授の一日

カントは私生活において規則正しい生活をみずからに課していたことで知られています。

五十九歳で念願の自宅を手にした頃の、カントの一日を紹介しましょう。

起床は毎朝決まって早朝の五時です。朝食はとらず、書斎に入ってまずは紅茶を二杯飲んでからパイプをふかします。七時少し前になると着替えて、カツラをかぶります。

当時、大学教授は自宅で講義するのが決まりでした。講義料も教授みずから徴収していました。カントが講義していた科目は、形而上学・論理学・神学・倫理学・地理学・人類学です。非常に幅広い分野の講義をおこなっていたことがわかります。講義は書斎の階下にあった講義室で、午前七時から十時までおこなわれました。

講義のあとは執筆です。ジャン＝ジャック・ルソー*6の肖像画だけが飾られた簡素な書斎でカントは執筆に励みました。

十二時四十五分になると、カントは上等な服に着替えて、昼食に臨みます。昼食は一三時からと決まっており、数人の客を招くこともしばしばだったようです。住み込みの料理番がつくる料理は質量ともに豪華とは言いがたかったものの、昼食中はなごやかで活発な会話が交わされたようです。

昼食後はどんなに悪天候の日であっても、同じ時間に同じコースを散歩するのがカントの日課でした。フロックコートとステッキを身につけて、カントは毎日きっかり十五時三十分に家をでました。

近所の人たちは散歩するカントの姿をみて時間を確認したそうです。そんなカントには「ケーニヒスベルクの時計」というあだ名がついていました。散歩のルートも決まっており、現在では「哲学者の道」と呼ばれる菩提樹《ぼだいじゅ》の茂る道を、カントは天候や季節にかかわりなくきっちり八回往復したと伝えられています。

散歩から帰宅すると、パンとチーズだけの簡単な夕食をとります。夕食後は、二十二時に就寝するまでのあいだ、新聞を隅から隅まで丹念に読み、さらに旅行記を手にとることも多かったそうです。カント自身は、東プロイセンはおろか、ケーニヒスベルクからさえほとんど出たことがありませんでした。が、地理学の講義ではロンドンの町やテムズ川について微に入り細を穿《うが》って論じていたと伝えられています。

厳格な哲学者というイメージ

こうした一日の過ごし方をみると、カントはきわめて厳格で堅物《かたぶつ》な哲学者だったのではないかと思われるかもしれません。

たしかに、カントの墓の墓碑銘には次の言葉が刻まれています。

「我が上なる星空と、我が内なる道徳法則、我はこの二つに畏敬の念を抱いてやまない」

この言葉を素直に読むなら、カントは、天体が一定の法則性のもとで動いているのと同じ厳密さで人間のなかにも道徳法則が存在する、と考えていたと理解できます。事実、カントは道徳に厳格さを求めた哲学者として研究者のあいだでも理解されています。

とはいえ問題はその厳格さの中身です。

たとえばカントは「人間愛からならうそをついてもよいという誤った権利に関して」

という論文のなかで次のような議論をしています。

人殺しに追われている友人が私の家に助けを求めてやってきました。私は友人を家にかくまいます。が、しばらくするとその人殺しが私の家にやってきて、友人はここにいるかどうか私にきいてきました。このとき私は本当のことを言うべきでしょうか、それとも嘘をつくべきでしょうか。

多くの人は、友人を助けるために当然嘘をつくべきだと考えるでしょう。嘘をつくことは通常なら悪いことであるが、友人の命を助けるという大きな善のためには嘘をつくこともやむをえない、と。

しかしカントはこうした場合でも嘘をついてはならないと答えます。

なぜでしょうか。

カントはこう説明しています。もし、私が人殺しに「友人はここにはいない」と嘘をついたことで人殺しが私の家から立ち去ろうとしたときに、ちょうど逃げようとしていた友人とかち合ってしまったら、私は責任をとれるだろうか、と。

あらかじめ断っておきますと、ここでのカントの議論はとても評判が悪いです。後世の多くの研究者も、カント哲学の全体は高く評価しながらも、この議論に対しては難色を示しています。こうしたカントの議論から「厳格すぎて融通がきかない堅物の哲学者」というカントのイメージも形成されてきました。

しかし、そのことを十分承知のうえで、私はここでのカントの真意は正確には理解されていないと考えています。

私たちの多くはカントが示した事例を受けて無意識的にどうしても次の二つを比較してしまいます。

「(友人の居場所について) 正直に伝えた結果、友人は殺される」

「(友人の居場所について) 嘘を伝えた結果、友人は助かる」

そしてこの二つを比較したうえで「友人を助けるためには嘘をつくべきだ」と判断するのです。結果の違うものを比較すれば、当然、結果のよいほうを選びたくなるからです。

しかしカントがここで本当に比較したかったのは次の二つです。

「(友人の居場所について) 正直に伝えた結果、友人は殺されてしまった」

「(友人の居場所について) 嘘を伝えた結果、友人は殺されてしまった」

もし「殺されてしまった」という結果が同じなら、私たちはどちらの場合に、より罪悪感を抱くでしょうか。二つめの「嘘を伝えた結果、友人は殺されてしまった」という場合に、より罪悪感を抱くでしょう。なぜなら「嘘を伝えた」場合のほうが私自身の作為がより強く働いているからです。それだけ私たちは正直でいることに道徳的な価値を置いているということです。

これこそ、カントが主張したかったことです。

私たちは自分の行為の結果として生じる事態を、完全に自分でコントロールすることはできません。カントの示した事例で言えば、私が嘘を伝えた結果、友人が人殺しに最終的にどうされてしまうかを、私は完全にコントロールすることはできません。私が人殺しに嘘を伝えた結果、友人が助かるのか、それとも嘘を伝えなかったときよりもさらにひどい目にあって殺されてしまうのかは、究極的には私にはわからないのです。

そうである以上、私たちは結果として同じ事態が生じると仮定して、正直でいるか嘘をつくかを決めるべきである、というのがカントの真意なのです。

たしかにこの論文におけるカントの説明は不十分でした。研究者も含め、多くの人がカントの真意を取り違えてしまったのも仕方のないことです。とはいえ、カントの求めた道徳の厳格さが私たちの想定するものとはじつはかなり違っていることは、ここでしっかり押さえておきたいと思います。

カントの人柄についても、規則正しい生活のエピソードから想定されるほど、カントは堅物ではなかったようです。カントは友人や学生たちと食事をしたときはユーモアのある語り口で彼らを飽きさせなかったと伝えられています。また、カントの講義は話題が豊富でとても面白いと評判を呼び、つねに満員だったとも伝えられています。

『永遠平和のために』が書かれた歴史的背景

ここで『永遠平和のために』が書かれた時代背景を確認しておきましょう。

この本が出版されたのは一七九五年です。カントが七十一歳のときでした。タイトルからもわかるように、この本のなかでカントは、どうすれば人類社会から恒久的に戦争をなくすことができるのかを考察しています。なぜカントは晩年になって戦争や平和についての著作を発表しようと思いいたったのでしょうか。

カントはもともと哲学者として、自然学や倫理学だけでなく、社会や政治の問題にも大きな関心をもっていました。その問題関心が『永遠平和のために』へと結実したことは疑いありません。さらにそれに加えて、当時のヨーロッパの時代背景もこの著作の執筆に大きく影響しています。

十八世紀のヨーロッパは絶対王政*7の時代でした。多くの国が王権をめぐる争いで内紛を抱えていたり、他国とのあいだで植民地の獲得競争を繰り広げていました。しかし、この本が出版される六年前の一七八九年にフランス革命*8が勃発《ぼっぱつ》します。これによってヨーロッパは新たな時代へと突入していきました。

まず、ヨーロッパを支配していた絶対王政が崩れ、主権が王から国民へと移行することで、近代国民国家の原型が築かれていきました。日本でたとえるなら、明治維新後の時代と似ているでしょうか。そうした近代国民国家の形成とともに、それをもとにした新しい国際関係のあり方もヨーロッパに姿をあらわしつつありました。

カントはこうした新しい時代の胎動《たいどう》を敏感に察知していました。だからこそ、カントは新しい世界秩序を維持するための平和の原理をいち早く提示しなくてはならないと考えたのでしょう。

もう一つ、カントに『永遠平和のために』を書かせる直接の動機となったものに、一七九五年四月にフランスとプロイセンのあいだで交わされた「バーゼル平和条約*9」があります。

フランス革命が起こったのち、その影響が自国に及ぶことを恐れたプロイセンがフランスに内政干渉しようとしたことで、両国のあいだで戦争が勃発しました。当初、プロイセンは戦況を有利に進めますが、国民軍を整備したフランスが徐々に反撃したことで、プロイセン側の戦況が悪化します。結局、プロイセンはライン川の沿岸地域を失うかたちでフランス革命政府と平和条約を締結しました。これがバーゼル平和条約です。

このバーゼル平和条約に対してカントは強い不信感を抱いていました。というのも、この平和条約は両国の戦果をたんに調整しただけの一時的な講和にすぎなかったからです（フランスはライン川の沿岸地域を得ることと引き換えに、それ以東の占領地域をプロイセンに返却する）。事実、その平和条約には秘密条項が多く含まれており、その内実は両国のあいだで将来の戦争が起こることを防止するようなものではまったくありませんでした。

こうした一時的な講和に対する不信感が、カントを『永遠平和のために』の発表へとむかわせたのです。

『永遠平和のために』全体の構成

では、ここから『永遠平和のために』の内容に入っていきましょう。

最初にこの著作の全体的な構成をみておきたいと思います。はじめてこの著作のページを開いた人は、この著作が通常の哲学書とは大きく異なった構成になっていることに面食らってしまうかもしれません。この著作の全体的な構成は次のようになっています。

第一章　国家間に永遠の平和をもたらすための六項目の予備条項

一　将来の戦争の原因を含む平和条約は、そもそも平和条約とみなしてはならない。

二　独立して存続している国は、その大小を問わず、継承、交換、売却、贈与などの方法で、他の国家の所有とされてはならない。

三　常備軍《ミーレス・ペレペトゥウス》はいずれは全廃すべきである。

四　国家は対外的な紛争を理由に、国債を発行してはならない。

五　いかなる国も他国の体制や統治に、暴力をもって干渉してはならない。

六　いかなる国家も他の国との戦争において、将来の和平において相互の信頼を不可能にするような敵対行為をしてはならない。たとえば暗殺者や毒殺者を利用すること、降伏条約を破棄すること、戦争の相手国での暴動を扇動することなどである。

第二章　国家間における永遠平和のための確定条項

◆第一確定条項

どの国の市民的な体制も、共和的なものであること

◆第二確定条項
国際法は、自由な国家の連合に基礎をおくべきこと
◆第三確定条項
世界市民法は、普遍的な歓待の条件に制限されるべきこと
◆第一追加条項
永遠平和の保証について
◆第二追加条項
永遠平和のための秘密条項

付録
一　永遠平和の観点からみた道徳と政治の不一致について
二　公法を成立させる条件という概念に基づいた道徳と政治の不一致について

この全体的な構成をみると「条項」という言葉が並んでいることがわかります。これは、カントが当時の平和条約の書き方にならってこの書物を執筆したためです。カントがバーゼル平和条約を意識して『永遠平和のために』を書いたことが、ここにもあらわ

れています。

ですので、この「条項」という言葉の意味については、「永遠平和を実現するために守らなくてはならない法規則」「永遠平和を確実なものとするために必要な前提条件」といった意味で理解してください。

『永遠平和のために』は単なる理想論なのか？

ほとんどの人は書物を最初のページから読みますよね。もちろん著者もそのつもりで書いていますから、最初のページから書物を読むことは決して間違いではありません。ただ、それが大部の書物であったり難解な書物であったりすると、途中で力尽きて最後まで読み進められない、なんてこともよくあります。そんなときは、読んだところまでの内容によってその書物の印象が固まってしまいがちです。それがその書物の全体的な内容と一致していればいいのですが、一致していなければ、その書物の印象は全体的な内容とは食い違ったままになってしまうでしょう。

この『永遠平和のために』もそうした可能性が高い書物です。というのも、右に挙げた第一章の「国家間に永遠の平和をもたらすための六項目の予備条項」をみると、一見理想論ばかりが述べられているようだからです。たとえば「予備条項」の「三　常備軍はいずれは全廃すべきである」などはとくにそうでしょう。

多くの人はこの第一章における「六項目の予備条項」だけをみたら、こう思うのではないでしょうか。

「たしかにこの六項目の予備条項がすべて実現されれば、この世界から戦争がなくなるのかもしれない。しかしそれがなかなか実現されないからこそ、いまも戦争がなくならないのではないか。カントの言っていることは単なる理想主義の絵空事にすぎないのではないか」

事実、研究者も含めて、これまで多くの人が『永遠平和のために』を「道徳的な理想論を述べただけの平和説法である」と否定的にとらえ、この書物におけるカントの議論をまともにはとりあってきませんでした。

しかし、そうした印象はどこまで妥当なのでしょうか。それは、この書物の内容にもとづいてしっかり検討されなくてはなりません。

常備軍は全廃できるのか?

この書物が単なる理想主義の絵空事を述べたものではまったくないことは、たとえば「六項目の予備条項」の「三　常備軍はいずれは全廃すべきである」の内容をよく読むとわかります。カントはそこでまずはこう述べています。

常備軍が存在するということは、いつでも戦争を始めることができるように軍備を整えておくことであり、ほかの国をたえず戦争の脅威にさらしておく行為である。また常備軍が存在すると、どの国も自国の軍備を増強し、他国よりも優位に立とうとするために、かぎりのない競争がうまれる。こうした軍拡費用のために、短期の戦争よりも平和時の方が大きな負担を強いられるほどである。そしてこの負担を軽減するために、先制攻撃がしかけられる。こうして、常備軍は戦争の原因となるのである。

カントの説明は明快です。軍備こそが戦争の原因となる、と考える人たちにとってはまさに「我が意を得たり」と思うところでしょう。逆に、軍備をなくすなんて非現実的だ、と考える人たちにとっては、ここでの議論は絵空事にすぎないと思われるでしょう。どちらにせよ、ここだけを読むと、やはりカントは永遠平和の実現ためには常備軍を全廃すべきだと考えていた、という解釈が成立します。

しかし、それに続く文章を読むと、どうもそうではないことがわかります。

常備軍の兵士は、人を殺害するため、または人に殺害されるために雇われるのであり、これは他者（国家）が自由に使うことのできる機械や道具として人間を使用するということである。これはわれわれの人格における人間性の権利と一致しないことだろう。もっとも国民が、みずからと祖国を防衛するために、外敵からの攻撃にそなえて、自発的に武器をとって定期的に訓練を行うことは、常備軍とはまったく異なる事柄である。

ここからわかるのは、カントが「常備軍」と呼んでいるのは傭兵《ようへい》による常備軍のことだということです。私たちは現代の「常識」から、どうしても「常備軍＝国民軍」とイメージしてしまいがちです。しかし、当時の絶対王政時代のヨーロッパでは、王が傭兵を雇って戦うという戦争のスタイルが一般的でした。カントはそうした傭兵による軍隊と国民による軍隊とを明確に区別しているのです。

つまりカントは、王が傭兵を雇って軍事力を保持・増強することには反対していますが、自国を守るために国民がみずから軍隊を組織することは認めているのです。カントは決していかなる軍隊も常備してはならないということを述べているのではありません。あくまでも権力者が傭兵を雇い「機械や道具として人間を使用する」ことを「全廃すべき」と主張しているのです。

ここから示唆されるのは、カントは現代の私たちにとっての現実に立脚して議論を組み立てている現実主義者だということです。

現代の私たちにとって「国民が、みずからと祖国を防衛するために、外敵からの攻撃にそなえて、自発的に」防衛力を整備することは――それに反対するにせよ賛成するにせよ――揺るぎない現実となっています。カントは二〇〇年以上も前にその現実を見据え、その現実のもとで戦争をなくすための議論を展開したのです。

カントは「戦争をするのは軍隊だから、軍隊を廃止すれば平和が訪れる」という単純な議論をしているのではまったくありません。カントは、いまだ絶対王政が根強く残る時代に、これからの時代が国民国家の時代になることを的確にとらえ、それを前提として戦争を防止する可能性を探求したのです。

カントがいかに先見の明をもっていたのか、そしていかに冷静な現実主義者であったのかが理解されるのではないでしょうか。

カントが議論の前提とする国家のあり方

カントが現代の私たちにとっての現実から議論を組み立てていることは、次の点でも示されています。

同じく第一章「六項目の予備条項」における「二　独立して存続している国は、その大小を問わず、継承、交換、売却、贈与などの方法で、他の国家の所有とされてはならない」をみてみましょう。そこでは次のように述べられています。

国家とは、その所有している土地とは異なり、財産《パトリモーニウム》ではないからである。国家は人間が集まって結成したものであり、国家それ自体をのぞくだれも、国家に命令したり、これを自由に支配したりすることのできないものである。国家を樹木に譬《たと》えるならば、みずから根をはった幹のようなものであり、これを切りとってほかの幹に接ぎ木するようなことをするならば、その道徳的な人格としての存在を失わせることになり、国家を道徳的な人格ではなく物件にすることである。これは民族にかんするあらゆる法と権利の基礎となる根源的な契約の理念に反することである。

当時の時代背景を踏まえるなら、ここでもカントは絶対王政における国家のあり方を批判していることがわかります。フランス革命までの絶対王政時代のヨーロッパでは、国家や人民は王の所有物だと考えられてきました。引用文にある「国家とは……財産ではない」という記述はまさにそうしたあり方を明確に批判しています。

これに対して、カントが望ましい国家のあり方として提示しているのは、国民主権にもとづく国家のあり方です。引用文にある「国家は人間が集まって結成したもの」「民族にかんするあらゆる法と権利の基礎となる根源的な契約」といった記述がそれをあらわしています。これらの記述において念頭におかれているのは、〝国家とはその土地に根ざした人たち（＝民族）が力を合わせて結成したもの〟という国家観です。

ちなみに、なぜこの引用文で、人びとが国家を結成する行為が「根源的な契約」と言われているのかというと、それは、国家を結成する行為とは社会に法と権利の約束事をつくりだす行為であるからです。ゼロから憲法を制定する行為を想定すると、わかりやすいかもしれません。私たち個人のあいだでも契約をするということは、法的な義務と権利の約束事を私たちのあいだにつくりだすということですよね。それを社会全体でおこなうことが国家を結成するということなのです。これを「社会契約」といいます。

このようにカントは国民主権にもとづく国家のあり方を前提として平和の可能性を模索しています。国民主権にもとづく国家のあり方とは現代の私たちにとってまさに現実です。カントが現代の私たちからみても現実に立脚して議論を展開していることがここでも示されているのです。

もう一点つけ加えるなら、カントのこうした国家のとらえ方は必然的に植民地支配に対する批判になりえます。国家とはその土地に根ざした人たちが「集まって結成したもの」であり「他の国家の所有とされてはならない」ものである以上、カントにとって植民地支配は当然受け入れられるものではありませんでした。

事実、カントが生まれ育ったプロイセンは強大な軍隊をもち、隣国ポーランド*10の領土をロシア、オーストリアとともに三度にわたって分割支配してきました。そうした植民地獲得競争が戦争の要因となるという現実を目の当たりにしていたことが、カントがこの予備条項を入れる背景となっています。

人間性とは邪悪なものである

カントがいかに現実主義者だったのかということは、とりわけその人間観にあらわれています。

カントの人間観は一言でいえばかなり冷徹です。人間は高い道徳性をそなえているとも、道徳的に完成しうるとも、カントは考えていません。人間とは邪悪な存在である、というのがカントのそもそもの出発点です。

そのことをはっきり示しているのが、「六項目の予備条項」における「四　国家は対外的な紛争を理由に、国債を発行してはならない」にある次の文章です。

国債の発行によって戦争の遂行が容易になる場合には、権力者が戦争を好む傾向とあいまって（これは人間に生まれつきそなわっている特性のように思える）、永遠平和の実現のための大きな障害となるのである。

カッコのなかの文章に注目しましょう。そこには「戦争を好む傾向」が「人間に生まれつきそなわっている特性のように思える」と書かれています。もしカントが人間を道徳的に優れた存在だと考えていたのだとしたら、こうした記述はでてこないでしょう。同様の記述はほかにもあります。たとえば第二章の「第一追加条項」ではこう述べられています。

しかし戦争そのものにはいかなる特別な動因も必要ではない。戦争はあたかも人間の本性に接ぎ木されたかのようである。

こうした記述は「カント＝道徳的な理想主義者」というイメージをことごとく裏切るものです。そうしたイメージをもっていた人はとまどってしまうかもしれません。

しかし、カント自身が右のように論じている以上、そのイメージは見直されなくてはなりません。カントはさらに第二章で「人間性は邪悪なものである」、「悪の原理が（人間のうちに：引用者注）ひそむことをだれも否定することはできない」などとも述べています。「カント＝道徳的な理想主義者」というイメージは、カント自身の議論から乖《かい》離《り》した、つくられた虚像なのです。

戦争とは異常なもの、逸脱的なものではない

重要なことは、こうした冷徹な人間観にたつ以上、平和を探求するアプローチもそれに応じて変わらざるをえない、ということです。

人間の本性を善良なものだと考えるならば、平和を探求する道筋はきわめて平坦なものとなります。というのも、その場合は、平和を阻害するものを取り除きさえすれば、おのずと平和は実現されるはずだからです。

このとき、平和を阻害すると考えられるものにはさまざまなものがあります。たとえ

ばそれは邪悪な権力者であったり、一部の好戦的で頑迷な人たちであったり、人間のあいだに対立や敵意を生みだすとみなされた社会制度（たとえば国家や国境、軍隊、資本主義、私有財産制度、過度な物質主義や競争主義などなど）であったりします。

したがってそこでは、こうした阻害要因を取り除くことが、平和の実現をめざす思想や運動にとって中心的な課題となります。「民衆は本来平和的なのに、悪い権力者たちが人びとを戦争に仕向けようとしている、だから平和を実現するためには彼らを倒さなくてはならない」といった発想ですね。実際のところ、日本の平和運動や平和思想のほとんどはこうした発想にたっています。

しかし、カントはこうした発想にはくみしません。

なぜならそうした発想では戦争が異常なもの、逸脱的なものとして位置づけられてしまうからです。すなわち、平和こそが人間にとって正常な状態であり、戦争は異常なもの、逸脱したもの、という図式です。

カントは『永遠平和のために』のなかで人類の歴史を踏まえながら、こうした図式は歴史の結果しかみていないと批判します。つまり、平和こそが人間にとって正常な状態にみえるのは、あくまでも法による統治が私たちの社会に浸透したからであって、それ以前は戦争が絶えず起こりうることのほうが常態だった、ということです。

自然状態とは戦争状態である

この点に関して、カントは第二章の冒頭でこう述べています。

> ともに暮らす人間たちのうちで永遠平和は自然状態《スタトゥス・ナーチューラーリス》ではない。自然状態とはむしろ戦争状態なのである。つねに敵対行為が発生しているわけではないとしても、敵対行為の脅威がつねに存在する状態である。だから平和状態は新たに創出すべきものである。敵対行為が存在していないという事実は、敵対行為がなされないという保証ではない。この保証はある人が隣人にたいして行うものであり、これは法的な状態でなければ起こりえないものである。

ここでは「自然状態」という言葉がでてきます。なにやら難しそうな言葉ですが、その意味は、法による統治がいまだ確立していない状態、というほどの意味です。つまり、国家もなければ、法を執行する機関（たとえば公権力）もない社会状態のことです。この引用文の最後には「法的な状態」という言葉がでてきますので、「自然状態」とは「法的な状態」に対立する概念であることがわかるでしょう。

ちなみにこの「自然状態」という言葉は、十七世紀に活躍したイギリスの哲学者トマス・ホッブズ*11がその言葉を使って国家のなりたちを論じて以降、ヨーロッパの哲学界で広く普及した概念です。意味としては同じく、公権力が存在しておらず（または存在していても弱く）法による統治がいまだ確立していない状態、を指しています。カントもそうした哲学史の流れのなかで戦争と平和の問題を考えていました。

カントはこの引用文のなかで、自然状態とは戦争状態だと述べています。つまり、法による統治が確立していない状態では、人びとは和合よりも敵対にむかう、ということです。

もちろんそれは、自然状態ではつねに敵対行為が発生しているということではありません。たとえ敵対行為が実際には発生していなくても、法にもとづいてそれを取り締まる公権力が存在しない以上、いつでも人びとのあいだには敵対行為が起こりうるということです。自然状態では、人びとが和合していたとしても、それがそのまま敵対行為が生じないことの保証になるわけではありません。

これは言い換えるなら、人間は放っておけばいつ敵対行為を始めてもおかしくない存在だ、ということです。法による抑制が働かなければ、人間は戦争状態にいつでも突入しうるのです。

先にみた「戦争はあたかも人間の本性に接ぎ木されたかのようである」というカントの言葉がここで思い出されます。「自然状態」の「自然」とは「本性」という意味でもあるからです。自然状態とは戦争状態であるという認識と、人間の「本性＝自然」には戦争が接ぎ木されているという認識とは、完全に対応しているのです。

そうした人間の「本性」が克服されるには「法的な状態」が必要だとカントは述べています。「法的な状態」とは「自然状態」に対立する概念ですから、端的に、公権力をつうじて法による統治が確立されている状態を指しています。

つまり、法にもとづいた公権力の取り締まりがあってはじめて、人びとのあいだで敵対行為がなされないという保証が確かなものとなるのです。

引用文で「平和状態は新たに創出すべきものである」と言われているのはそのためです。平和状態は人類にとってもともと存在するものではありません。平和状態は「法的な状態」が社会で確立されることによってはじめて可能となるのです。

歴史のリアリティを直視するカント

いまの箇所は『永遠平和のために』を読み解くにあたって非常に重要です。そこには、カントが平和を探求するアプローチがどのようなものであるのかが簡潔に示されているからです。

カントの認識では、平和は決して人間の善性から自然と導きだされるものではありません。むしろ平和は人間の本性から考えるなら例外的なものです。人間にとって、戦争がつねに起こりうるということこそが常態なのであって、平和が維持されているという状態は特別なことなのです。

カントは「平和＝正常な状態」「戦争＝異常な、逸脱した状態」という見方をしりぞけます。カントからすれば、こうした見方は、「法的な状態」が確立され、平和状態が広がった結果からしかものごとをとらえていません。

事実、人類の歴史をみても、たとえば近代国家が成立していない（つまり法による統治が社会に確立していない）中世の時代には、ヨーロッパでも日本でも、部族同士や村同士などさまざまな集団のあいだで戦争が繰り広げられていました（たとえば戦国時代の日本における村同士の合戦など）。

それはたしかに現代における「国家」対「国家」の戦争とは異なる戦争の姿かもしれません。しかし、むしろだからこそ、それは人間の「本性」に接ぎ木された戦争の姿をよくあらわしていると考えるべきです。人間は本来平和的だと考えることは、歴史を無視した暴論でしかありません。

カントもまた、さまざまな民族がたがいに敵対してきた歴史をふり返りながら、こう述べています。

人間性が邪悪なものであることは、こうした諸民族の関係からありありと読みとることができる。このことは市民的で法的な状態では、統治による強制のために覆い隠されていただけなのである。

ここで言われている「市民的で法的な状態」とは、法による統治が公権力をつうじて確立された状態のことです。そうした状態では、人間性が本来どのようなものであるのかは覆い隠されてしまっている、とカントは述べています。

多くの人は、その覆い隠された状態からしか、人間性とは何かを認識しません。しかしそれでは人間の本性を見誤ってしまう、とカントは指摘しているのです。

平和を探求する問いの転換

したがって「なぜ戦争が起こるのか」という問いはカントにとってさほど重要なものではありません。戦争は人間の本性と結びついているのですから、戦争に何か特別な理由を求めても、それは空振りに終わってしまいます。先の引用文でもカントは「戦争そのものにはいかなる特別な動因も必要ではない」と述べていました。

むしろカントにとって重要なのは「どうしたら戦争を起こりにくくさせることができるか」という問いです。

これら二つの問いの違いは決定的に重要です。前者の問いから後者の問いへと転換することこそが『永遠平和のために』を読み解く鍵となるとさえ言えるでしょう。

平和こそ人間にとって本来的なもの、正常なものだと考える立場からすれば、「なぜ戦争が起こるのか」という問いはたしかに意味のある問いであるでしょう。というのも、そこで課題となるのは、戦争という異常なものをもたらす原因を除去することで、異常を正常に戻すことだからです。

これに対し、戦争は人間本性に接ぎ木されていると考えるカントにとっては、人間は放っておけばすぐに戦争を始めてしまうわけですから、平和を実現するには少しでも戦争が起こりにくくなるような社会の仕組みを一歩一歩積み上げていくしかありません。まさに「平和状態は新たに創出すべきもの」なのです。

では、その〝戦争が起こりにくくなるような社会の仕組み〟とはいったいどのようなものなのでしょうか。どのような人間社会の原理に着目すれば戦争をより起こりにくくさせることができるのでしょうか。

それを探求することが『永遠平和のために』の主題にほかなりません。すでに私たちには、ここまで読解してきた内容からその探求の方向性がみえつつあります。

カントは、戦争状態である自然状態から敵対行為がなくなっていったのは「法的な状態」が社会に確立してきたからだ、と述べていました。ならば、国家の内部だけでなく、国家間の関係にもその「法的な状態」を確立できれば、それに応じて国家間の戦争の可能性も小さくなっていくはずです。

では、どうやってそれを実現していけばいいのでしょうか。次章以降でそのカントの考察をたどっていきましょう。

国家をどうとらえるか

最後に次の点を確認しておきましょう。

カントが国民主権にもとづく国家のあり方を前提として永遠平和の可能性を探求していることは、すでにみた通りです。カントは決して国家を否定していません。それどころか、平和を実現するためには国家は不可欠だと考えています。

なぜなら、国家とはまさにその領域内で「法的な状態」を確立することで存立するものだからです。言い換えるなら、国家が存立しているのは、戦争状態である自然状態がその領域内で克服された結果として、です。

事実、安定した近代国家の建設に成功した国では、内戦の危険性はすでに過去のものとなっています。日本でも戊辰戦争[*12]（一八六八～六九年）や西南戦争[*13]（一八七七年）を最後に内戦と呼べるような武力衝突は起こっていません。内戦を克服したところに近代国家は存在するのです。

カントにとって、国家の成立とは人類社会に平和が実現される一つの段階にほかなりません。

カントは決して「戦争するのは国家だから国家をなくすべきだ」とは考えないのです。逆に、自然状態を克服して国家が成立したロジックをどのように国家をこえた次元にまで拡大していくのかを考えるのです。

日本では第二次世界大戦での敗戦という経験もあってか、国家への不信感が強く、「戦争するのは国家だから、戦争をなくすためには国家をなくすべきだ」という発想も知識人を含めて非常に根強くあります。脱国家的な志向性が日本の哲学・思想界で強いのも同じ現象です。

しかし、カントからすれば、そうした発想は感情にまかせた謬論《びゅうろん》にすぎません。カントの議論をつうじてみずからの思想的な思い込みを洗い出すのも、カントを読むことの価値の一つです。

＊1　プロイセン

プロシアとも。十八〜二十世紀、ヨーロッパ北東部に存在した王国（首都ベルリン）。プロイセン公国から一七〇一年王国に昇格。次第に領土を拡大してドイツ統一を牽引、ドイツ帝国（一八七一成立）の盟主となる。第一次世界大戦末の共和政成立（一九一八）で消滅。

＊2　ケーニヒスベルク

バルト海に面した港湾都市。先住のプロイセン人を駆逐してドイツ騎士団が建てたプロイセン公国（一五二五成立）の首都。プロイセン王国成立後は、東プロイセンの中心地となる。第二次世界大戦後、ソ連に割譲され、政治家カリーニンの名をとって改称された。

＊3　ニュートン

一六四二〜一七二七。イギリスの物理学者・数学者。光のスペクトル・微積分法・万有引力の発見、力学の体系化などを成し遂げた科学史上の巨人。主著『自然哲学の数学的原理（プリンキピア）』。

＊4　ライプニッツ

一六四六〜一七一六。ドイツの数学者・哲学者。数学ではニュートンとは独立に微積分法に到達。哲学では、世界は無数の単子（モナド）からなり、神により秩序と調和がもたらされていると説いた。

＊5　ドイツ観念論

カント以後に、フィヒテ、シェリング、ヘーゲルらによって、十八世紀後半から十九世紀前半にかけてドイツを中心に展開された哲学思潮の総称。世界を普遍的理念による自己展開の体系として理解しようとする特徴をもつ。

＊6　ジャン＝ジャック・ルソー

一七一二〜七八。フランスの思想家・作家。ジュネーヴ生まれ。絶対王政下の専制と腐敗、社会の不平等と非合理をあばき、人民主権を主張。フランス革命に大きな影響をあたえた。主著『社会契約論』『エミール』など。

＊7　絶対王政

君主が絶対的な権力をもって支配をおこなう政治形態で、「絶対主義」とほぼ同義。十六～十八世紀、ヨーロッパの封建国家にあらわれ、市民革命期に消滅。その後市民社会は国民国家形成へとむかう。

＊8　フランス革命

一七八九～九九年、絶対王政下のフランスで、ブルジョワジー・都市民衆・農民の同盟勢力が、王政廃止、封建的諸特権の廃止、近代的所有権の確立など、巨大な政治的・経済的変革を達成した革命。

＊9　バーゼル平和条約

一七九二年四月、フランスは反革命・武力干渉の構えをとるオーストリア・プロイセンに宣戦布告。同年九月ヴァルミーの戦いで両国軍を撃破、九四年秋にはライン左岸を占領した。これを受けてプロイセンは九五年四月、フランスのライン左岸領有を認めて単独講和（バーゼル平和条約）し、対仏戦線から離脱した。

＊10　ポーランド

プロイセン・ロシア・オーストリアの三国は、一七七二、九三、九五年の三度にわたり、強圧のもとポーランド（ポーランド・リトアニア共和国）を分割し、滅亡させた。これを「ポーランド分割」という。

＊11　トマス・ホッブズ

一五八八～一六七九。イギリスの政治哲学者。近代国家論の創始者。主著『リヴァイアサン』で、自然状態にある人間は、生存権をめぐって〈万人の万人に対する闘争〉状態にあり、その克服のためには〈契約による絶対主権〉をもつ国家が必要であると説いた。

＊12　戊辰戦争

新政府軍と旧幕府側のあいだでおこなわれた戦いの総称。鳥羽・伏見の戦いに始まり、五稜郭での箱館戦争に幕を閉じる。

＊13　西南戦争

鹿児島士族が起こした反政府反乱。官職を辞した西郷隆盛を擁立するも、政府軍の反撃に阻まれ、西郷の自刃により決着をみる。

第2章——世界国家か、国家連合か

戦争が起こりにくくなるような社会の仕組み

　私たちは前章の最後でこう確認しました。永遠平和の可能性を探求するカントにとって重要な問いとは、どうしたら人類社会において戦争を起こりにくくさせることができるか、という問いである、と。

　カントによれば、人間の本性（＝自然）は戦争にむかう傾向性を宿しています。そうである以上、平和を実現するためには少しでも戦争が起こりにくくなるような社会の仕組みをつくりあげていくしかありません。

　では、その仕組みとはどのようなものでしょうか。カントはそれを第二章「国家間における永遠平和のための確定条項」で考察しています。それはまさに『永遠平和のために』の主要部分となる考察です。

　この章ではその第二章におけるカントの考察をたどっていくことにしましょう。

　取り上げたいのは第二章で論じられている三つの確定条項です。三つの確定条項とは次のようなものでした。

◆第一確定条項

どの国の市民的な体制も、共和的なものであること

◆第二確定条項

国際法は、自由な国家の連合に基礎をおくべきこと

◆第三確定条項

世界市民法は、普遍的な歓待の条件に制限されるべきこと

これをみると、戦争が起こりにくくなるような社会の仕組みについて、カントは三つの水準で議論を展開していることがわかります。

- 国内的な政治体制の水準
- 国際法[*1]の水準
- 世界市民法の水準

この三つの水準です。

第二章における三つの確定条項とは、この三つの水準におけるカントの考察がそれぞれ結実したものです。つまり、この三つの確定条項は戦争が起こりにくくなるために必要な三つの条件をあらわしています。

カントはどのような理由からこれらの確定条項を提起しているのでしょうか。

さっそく順を追ってみていきましょう。

まずは国内的な政治体制についてみていきましょう。

カントは第一確定条項で、永遠平和のためにはあらゆる国の政治体制は共和的なものでなくてはならないと述べています。

とはいえ、いきなり共和的な体制といわれても多くの人はとまどってしまうかもしれません。そもそも共和的な体制とはどのような体制を指すのでしょうか。カントは次のように説明しています。

共和的な体制を構成する条件が三つある。第一は、各人が社会の成員として、自由であるという原理が守られること、第二は、社会のすべての成員が臣民として、唯一で共同の法に従属するという原則が守られること、第三は、社会のすべての成員が国家の市民として、平等であるという法則が守られることである。

共和的な体制とは何か

カントによれば、ここに挙げられている三つの条件を満たしていればその政治体制は

「共和的な体制」として位置づけられます。これを素直に読むなら、各人の自由と平等が守られていて、社会のすべてのメンバーが共通の法にしたがっている政治体制が共和的な体制である、と理解することができます。

これは、現代の私たちからすると、それほど難しい条件ではないように思われます。カントが『永遠平和のために』を書いたのは二〇〇年以上も前のことですから、それも当然でしょう。むしろ、そのあいだに人類の歴史はカントが示した方向へと着実に進んできたと考えるべきでしょう。

ただし、ここで言われている「自由」や「平等」の意味は、より厳密に理解されなくてはなりません。

まず、カントの言う「自由」とは「他人に迷惑や危害をあたえなければ何をしてもいい」という意味での自由ではありません。そうではなくそれは、自分たちがしたがう法は自分たちで決めることができる、という意味での自由です。

権力者や支配者が一方的に決めた法に人びとがしたがわなくてはならない状態は、カントの言う「自由」ではありません。現代的な言い方をすれば、国民が主権（すなわち自己決定権）をもち、選挙などの制度をつうじて国民が立法過程に関与できていることが、カントの言う「自由」に当たります。

また、「平等」についても、カントはそこに厳密な意味を込めています。カントはこう説明しています。すべての国民が同じ法に等しく縛られるのでないかぎり誰も法には縛られないときにのみ、その国民は平等であると言える、と。

要するに、ある人だけは法に縛られなくてすむ、という例外が少しでもあれば、その社会の人びとは平等とは言えないということです。私たちは実生活においてしばしば「同じことをしたのに、なぜこの人は許されて、なぜあの人は許されないのか、それでは不公平ではないか」と言いたくなるような状況に遭遇します。そうした状況が——実生活のレベルにおける人間関係にとどまらず——法の適用のレベルにおいても否定しがたく残っているようでは、その社会は平等とは言えません。

カントはこうした法の公平性をきわめて重視しました。カントの言う「平等」とは、何らかの格差（たとえば経済的な格差）がないという意味も含む、広い意味での「平等」というよりは、むしろ「公平」に近い概念です。

こうしてみてくると、引用文でカントが挙げている第二の条件と第三の条件はほぼ同じ内容を述べていることがわかります。が、それは置いておきましょう。

ともあれ、これらの条件をまとめるなら、共和的な体制とは、社会の成員がみずからしたがうべき法を定め、誰もが等しく公平にその法にしたがう、そうした政治体制だと理解することができます。

なぜ共和的な体制は平和に必要なのか

では、なぜこうした共和的な体制が永遠平和を実現するためには必要なのでしょうか。カントはこう説明しています。

ところで共和的な体制は（中略）永遠平和という望ましい成果を実現する可能性をそなえた体制でもある。この体制では戦争をする場合には、「戦争するかどうか」について、国民の同意をえる必要がある。共和的な体制で、それ以外の方法で戦争を始めることはありえないのである。そして国民は戦争を始めた場合にみずからにふりかかってくる恐れのあるすべての事柄について、決断しなければならなくなる。みずから兵士として戦わなければならないし、戦争の経費を自分の資産から支払わねばならないし、戦争が残す惨禍をつぐなわねばならない。さらにこれらの諸悪に加えて、たえず次の戦争が控えているために、完済することのできない借金の重荷を背負わねばならず、そのために平和の時期すらも耐えがたいものになる。だから国民は、このような割に合わない〈ばくち〉を始めることに慎重になるのは、ごく当然のことである。

カントの説明は明快です。国民が主権をもつ共和的な体制では、国民の同意をえなければ政府は戦争をおこなうことができません。しかしその国民は主権者として国家の担い手でもありますから、戦争になればみずから兵士として戦う必要もでてくるでしょうし、戦争の経費を税をつうじて支払わなければならなくもなります。そうした負担を考えると、国民は戦争をおこなうことに慎重にならざるをえません。だから平和の実現のためには共和的な体制が望ましい、ということです。

これに対し、専制君主のように国家の元首が国家の所有者であるような政治体制では、戦争をおこなうハードルは一気にさがってしまいます。そこでは戦争をするかどうかは国家元首一人によって決められますが、国家元首自身はその戦争によって大きな負担を強《し》いられるわけではないからです。

戦争になったときにその負担を強いられる人たち自身が、戦争をするかどうかを決定する政治体制こそが、平和の実現のためには必要なのです。

「支配の形式」と「統治の形式」

とはいえ、共和的な体制をめぐる議論はこれで終わりではありません。カントはこう述べています。「共和的な体制は、民主的な体制と混同されることが多い」と。つまり、共和的な体制と民主的な体制は別のものだ、ということです。このカントの指摘を受けて、とまどってしまう人も少なくないでしょう。現代の私たちの「常識」からすれば、カントのいう共和的な体制とはほとんど民主的な政治体制のことですから。

では、共和的な体制と民主的な体制は具体的にどう違うのでしょうか。カントの説明をききましょう。

カントによれば、国家の形式を区別するには二つの方法があります。一つは「支配の形式」から区別する方法であり、もう一つは「統治の形式」から区別する方法です。

まず、「支配の形式」では、支配する権力を握っている者の人数で国家の形式が区別されます。支配する権力を握っているのが一人なら「君主制」に、複数人なら「貴族制」に、市民社会を構成するすべての人なら「民主制」に区別されます。

注意しておきたいのは、ここでいう「支配する権力」とは、政府において決定をおこなう権限のことだということです。

つまり、政府のなかに議会がなく一人の人間がすべてを決定する体制は「君主制」に区別され、複数人が協議をして決定をおこなう体制は「貴族制」に区別され、市民社会の成員であるすべての人が政府を構成して決定をおこなう体制は「民主制」に区別されるのです。

したがって、カントのいう「民主制」とは、現代の分類でいえば「直接民主制」に該当します。すなわち、国民全員が国会の議員となり、すべてを国民全員で直接決定する、という政治体制です。「民主制」という言葉の意味が、当時と現代とでは少し異なるのです。

こうしたカントの区別にしたがうなら、現代の日本や欧米諸国のほとんどの政治体制は「民主制」ではなく「貴族制」に近いということになります。

日本では主権は国民にありますが、国民全員で国会を構成しているわけではありません。そうではなく、国民は選挙によって代表者（国会議員）を選び、その代表者が国会で社会のルール（法）を決定しています。これは「間接民主制」ではありますが「直接民主制」ではありません。

国民から選ばれた複数の代表者が国会で協議して法を決定する政治体制は、〝複数人が決定をおこなう〟という側面に着目するなら「貴族制」に含まれると考えられなくてはなりません。「貴族」という言葉は世襲的な身分制を連想させますが、ここではかならずしもそれにとらわれる必要はありません。

共和的な体制は民主的な体制とは区別される

もう一つの区別の方法である「統治の形式」に移りましょう。この「統治の形式」では、立法権と行政権の関係によって国家の形式が区別されます。

カントによれば、この方法による区別には二種類の政治体制しかありません。共和的な政治体制と専制的な政治体制の二種類です。両者の違いをカントは次のように説明しています。

> 共和政体とは、行政権（統治権）が立法権と分離されている国家原理であり、専制政体とは、国家がみずから定めた法律を独断で執行する国家原理である。

要するに、行政権と立法権が分離しているのが共和政体で、分離していないのが専制政体だということです。

両者のうち、カントが支持するのはもちろん共和政体です。ルール（法）を決定する側（立法）と、それを実際に執行する側（行政）が分離していないと、法を執行する側がその都度自分に都合のよい法を勝手につくり、やりたい放題の状態になってしまいます。スポーツでいえば、一部のプレーヤーがみずから勝手にルールを決めながら、つまり自分に有利なようにルールを決めながら、試合をするようなものですね。

すでに確認したように、カントは「人間性とは邪悪なものである」という現実から出発しています。人間は好きなことをしていい状況におかれると、自分の利益を最優先にして、自分にとって都合のよいルールを他人に押し付けようとします。それは政治でも同じであり、だからこそ立法権と行政権を分離しなくてはならない、とカントは考えたのです。こうした考えは現代の三権分立の原則に受け継がれていますね。

カントが「民主制」を否定したのも、この論理においてです。

カントのいう「民主制」とは直接民主制のことでした。つまりそこでは国民全員が法を決定し、かつ法を執行しますので、立法権と行政権はまったく分離されえません。現代の言葉でいえば、まさに全体主義です。

カントはこう述べています。「民主制は語のほんらいの意味で必然的に専制的な政体である」と。

カントにとって「民主制」とは「立法者が同じ人格において、同時にその意志の執行者となりうる」「まともでない形式」であり、決して受け入れられるものではなかったのです。

立法権と行政権の区別がなぜ重要なのか

以上、国家の形式を区別する二つの方法をみてきました。では、これら二つの方法のうち、カントはどちらのほうが重要だと考えたのでしょうか。

もちろんそれは「統治の形式」のほうです。カントはこう述べています。「支配の形式」に対して「統治の形式」は「比較にならないほど重要な意味をもつ」と。平和を実現するためには、「君主制」か「貴族制」か「民主制」かということよりも、立法権と行政権がどこまで分離されているかが重要なのです。

このカントの指摘は、その後の人類の歴史をみると、きわめて示唆的です。たとえば第二次世界大戦が起こる以前、ドイツのワイマール憲法*2は当時の世界でもっとも民主的な憲法だと言われていました。にもかかわらず、ドイツはその後、ナチスの暴走を許し、第二次世界大戦を引き起こしてしまいました。

同じように、戦前の日本でも男子限定ではありますが普通選挙制が確立していました。にもかかわらず、勝てる見込みのないアメリカとの戦争に突入していきました。

つまり、国民が自己決定権をもち、戦争をするかしないかを国民自身が決められるようになっているからといって、かならずしも戦争を防げるわけではないのです。ドイツでは国民自身がナチスを熱狂的に支持し、日本でも国民自身が真珠湾攻撃のニュースに歓喜しました。

見逃せないのは、ドイツでも日本でも、第二次世界大戦にいたる過程で立法と行政の区別がなくなっていったことです。

ドイツでは、ワイマール憲法のもとで行政権が法によって厳格にコントロールされていたはずでしたが、アドルフ・ヒトラー[*3]の出現によって立法と行政の境目がしだいにあやふやになっていきました。最終的には「全権委任法[*4]」が成立し、ヒトラーが組閣した内閣に立法権や憲法改正権が委譲されることで、立法権と行政権は一体化してしまいました。

日本では「国家総動員体制[*5]」が敷かれることで、立法の機能が事実上、行政府と軍部に吸収されてしまいました。

平和を実現するためには、たしかに国民が主権者として自己決定権をもつことがまずは重要です。しかし、それだけでは不十分であり、その自己決定権は立法権として政府の執行権（行政権）から区別・保護される必要があるのです。

第二確定条項で問われていること

ここまで、国内的な政治体制をめぐるカントの考察をみてきました。ここからは国際法の水準におけるカントの考察をたどっていきましょう。

対象となるのは第二確定条項です。その条項はこう定められていました。「国際法は、自由な国家の連合に基礎をおくべきこと」。

ここからわかるのは次のことです。

まず、国際法の水準といっても、カントが考察しているのは、国際法の内容はどのようなものであるべきか、ということではありません。そうではなく、国際法はどのような国際関係に基礎をおくべきか、ということです。つまりここで問われているのは、永遠平和を実現するためにはどのような内容の国際法が必要なのかではなく、どのような国際関係が国際法の基礎として永遠平和を実現するのに適しているかなのです。

なぜカントは国際法に関してこうした問いを設定するのでしょうか。

その理由は、国際社会においては諸国家に対して法を強制する機構が存在しないからです。そうした状態では、いくら平和を促進するような内容の国際法を制定しても、その国際法にしたがわない国家がでてきてしまいます。

たとえば、現代の国際社会には核拡散防止条約という国際条約が存在します。文字通り、核兵器を拡散させないための国際条約です。

しかし、核兵器の開発をすすめる朝鮮民主主義人民共和国（北朝鮮）は二〇二〇年現在、この条約には加盟していません。二〇〇三年一月に脱退したからです。ほかにも、インドやパキスタン、イスラエルといった国もこの条約には加盟していません。これらの国は核兵器の保有を疑われています。

もしすべての国家に対して法を強制する機構が国際社会に存在するならば、こうした状況は生まれないはずです。国際法にしたがう国家もあれば、したがわない国家もある、という現実そのものが、すべての国家に対して法を強制する機構がこの世界には存在しないことを示しています。

たしかに、現代の国際社会には国際連合（国連）[*6]の司法機関として国際司法裁判所[*7]が設置されています。しかし、この国際司法裁判所は、提訴する側の国家と提訴される側の国家の双方の同意がないと法的な処分をくだすことができません。各国の同意のもとでしか法的な処分をくだせない以上、それは各国を法に強制的にしたがわせる機構とはとうてい言えません。

こうした状態では、いくら国際法の内容に戦争を防止するような理念を書き込んだとしても、その実効性は保証されません。だからこそカントは、国際法の内容ではなく、その基礎となる国際関係のあり方を考察しているのです。

国家間の戦争状態をどう克服するか

では、カントは、国際法を実効的なものにするためにはどのような国際関係が必要だと考えたのでしょうか。

読者の多くは、国際法を実効的なものにするためには国家のうえにさらに国家をつくればいいのではないか、と考えるかもしれません。

たしかに国家とは強制力によって人びとを法にしたがわせる機構です。私たちは法にしたがわなければ国家によって処罰されてしまいます。もちろん、違法行為がバレなかったり、あるいは国家が腐敗していたり脆弱《ぜいじゃく》だったりして、国家が違法行為を処罰できないこともしばしばあります。しかし、それはあくまでも国家がうまく機能しきれていないということであって、国家が強制力によって人びとを法にしたがわせる機構であること自体が変わるわけではありません。

カントもまたこうした国家の役割をきわめて重視していました。国家がしっかりと機能することではじめて法は実効的なものとなり、人びとのあいだの戦争状態も克服される、というのがカントの基本認識です。歴史的にみても、近代国家が安定的に存立すればするほど、その地域では内戦の危険性は大きく縮小してきました。

そうである以上、各国家に法を守らせるためには、諸個人のうえに国家が成立したのと同じように、諸国家のうえにさらに国家をつくればいいはずです。そうすれば、諸個人間の戦争状態が国家の成立によって克服されていったように、国家間の戦争状態も克服されていくに違いありません。

こう考えるなら、諸国家にとっての国家、すなわち世界国家の建設こそ、永遠平和のための究極のプロジェクトになるのではないでしょうか。

自由な国家の連合に基礎をおく

ところがカントはそうは考えませんでした。

第二確定条項をふり返りましょう。そこにはこう記されていました。「国際法は、自由な国家の連合に基礎をおくべきこと」と。つまり、永遠平和の実現をめざす国際法は世界国家に基礎をおくべきではなく、それぞれが独立した国家の「連合」に基礎をおくべきである、ということです。

カントはこう述べています。

国家としてまとまっている民族は、複数の人々のうちの一人の個人のようなものと考えることができる。民族は自然状態においては、すなわち外的な法にしたがっていない状態では、たがいに隣あって存在するだけでも、ほかの民族に害を加えるのである。だからどの民族も、みずからの安全のために、個人が国家において市民的な体制を構築したのと同じような体制を構築し、そこでみずからの権利が守られるようにすることを、ほかの民族に要求することができるし、要求すべきなのである。

ただしこれは国際的な連合であるべきであり、国際的に統一された国際的な国家《フェルカーシュタート》であってはならない。

まずはこの引用文の前半部分に注目してください。

そこでは、それぞれ国家として独立している諸民族は自然状態にある諸個人と同じような状態にあるということが述べられています。つまり、たとえ国家のあいだで敵対行為が実際には発生していなかったとしても、それはたまたまそうなっているにすぎないのであって、いつでも敵対行為は起こりうるのです。そして、そうした不安定な戦争状態を克服するためには、諸個人が国家を設立して法的状態を確立したように、各国家もほかの国家とのあいだで法的状態を確立しなくてはならないのです。

ここまではカントは国内政治と国際政治とのアナロジー（類比）にたっています。その流れでいけば、当然結論は〝世界国家を設立すべし〟となりそうです。が、引用文の最後の文章をみるとまったくそうなってはいません。そこではこう述べられています。「ただしこれは国際的な連合であるべきであり、国際的に統一された国際的な国家であってはならない」と。

カントはここで明確に「国際的な国家」すなわち世界国家を否定しています。諸国家のあいだに法的状態を確立することは必要であるが、その体制は決して世界国家であってはならない、ということです。カントによれば、その体制は「国際的な連合」、すなわち独立した自由な国家のあいだの連合にとどまらなくてはなりません。

国内政治と国際政治とのアナロジーはここで完全に放棄されています。

これは『永遠平和のために』を理解するうえでもっとも重要な論点の一つです。

カントは諸国家のあいだの関係を自然状態における諸個人の関係と同じようなものとしてとらえました。にもかかわらず、諸個人が国家を設立して戦争状態を克服したのと同じ構想を、諸国家の関係に対しては描いていません。

カントは世界国家ができることによって平和が実現されるというビジョンを否定します。カントによれば、永遠平和のために必要なのは、世界国家によって維持される法の支配ではなく、諸国家のあいだの連合によって維持される法の支配なのです。

こうしたカントの考えは、第一次世界大戦後につくられた国際連盟[*8]や、第二次世界大戦後につくられた現在の国際連合の基礎となりました。カントのいう、諸国家の連合はカントの時代にはまだ実現していませんでしたが、それでもカントは未来において実現可能なものをすでに提起していたという意味で透徹したリアリストだったのです。

一つの矛盾としての世界国家

とはいえ、釈然としない人もいるかもしれません。なぜ世界国家ではダメなのだろうか、と。むしろ、現在の国際連合のありさまをみるかぎり、諸国家のあいだの連合では永遠平和を実現するには不十分なのではないか、やはり世界国家を樹立するところまでいかなくてはならないのではないか、と。

カントの説明をききましょう。カントは先の引用文に続けてこう述べています。

　このような国際的な国家は一つの矛盾であろう。どの国家も上位の者すなわち立法者と、下位の者すなわち服従すべき大衆で構成されているものである。もしも多数の民族が一つの国家に統合されるならば、多数の民族が一つの民族になってしまうことになるが、それではこの考察の前提に反することになろう。というのはここでわれわれが考察しているのは、諸民族がそれぞれ異なった国家を構成しながらも、単一の国家にまとまっていない状態において、いかにして諸民族を支配すべき法が定められるかということだからである。

カントはここで世界国家は「一つの矛盾」だと述べています。なぜ「矛盾」なのでしょうか。それは、世界国家の構想がもともとの「考察の前提」に反するからです。カントによれば、考察すべきなのは、諸民族がそれぞれ国家をもち、並存している状況のなかで、いかに法の支配を実現していくか、ということです。にもかかわらず、そうした諸国家を全部なくして一つにまとめてしまえば問題は解決する、というのは、実際には問題の解決ではなく問題そのものの消去にすぎません。

世界国家をつくるべきだというアイデアは一見するとすばらしい解決策であるようにみえます。しかしそれはよくみると、「諸民族がそれぞれ独立した国家をもつという状況のなかでいかに法の支配を実現していくか」という問題をまったく解決していません。解決していないどころか、「諸国家が並存する状況のなかで」という問題の前提を消してしまっています。それはいわば前提を変えることによってあたかも問題を解決したかのように取り繕っているだけなのです。だからこそそれは「一つの矛盾」だと言われているのです。

さらに、この引用文には世界国家に対するカントの懸念がにじみでています。すなわち、もし多数の民族が世界国家へと統合されるようなことになれば、そこには支配する民族と支配される民族という分割が不可避的に生じるのではないか、という懸念です。そうなると、「世界国家」といえばきこえはいいですが、実際にはそれは帝国主義や植民地支配と変わらなくなってしまいます。この点でもカントは世界国家に反対するのです。

世界国家のもとに隠された抑圧

帝国主義や植民地支配に対する批判は、『永遠平和のために』に通底する基本的な考えの一つです。その批判が、カントが世界国家を否定する大きな理由の一つになっています。

たとえばカントは、第二確定条項とは別の箇所ではありますが、次のように述べています。

国際法の理念は、たがいに独立した国家が隣接しあいながらも分離していることを前提とする。しかしこの状態はすでに戦争状態である（諸国家が連合のもとで統一されていて、敵対行為を予防しないかぎり）。しかし理性の理念によれば、ある一つの強大国があって、他の諸国を圧倒し、世界王国を樹立し、他の諸国をこの世界王国のもとに統合してしまうよりも、この戦争状態のほうが望ましいのである。というのは、統治の範囲が広がりすぎると、法はその威力を失ってしまうものであり、魂のない専制政治が生まれ、この専制は善の芽をつみとるだけでなく、結局は無政府状態に陥るからだ。

たしかにどの国家も、そしてどの元首も、このような方法で持続的な平和状態を樹立し、できれば全世界を支配したいと望むものである。しかし自然の望むところは、これとはまったく異なる。自然は、諸民族が溶けあわずに分離された状態を維持するために、さまざまな言語と宗教の違いという二つの手段を利用しているのである。

まずカントは引用文の前半の段落で、世界国家の成立は実際には帝国主義による他国の併合と変わらないと論じています。つまり、世界国家がつくられるとすれば、結局は強大国がほかの国を武力で制圧して、みずからのもとへと統合していくというかたちでしかありえないのです。

こうしたカントの認識はきわめて妥当だというべきでしょう。現状を考えても、自国の主権を捨てて他国との統一政府に自発的に参加しようとする国は皆無だからです。EU（欧州連合）[*9]においてすら、加盟国は主権を捨ててはいません。

もし世界国家をつくろうとしたときに世界のなかで一国でもそれに反対してみずからの主権を守ろうとする国がでてきたら、世界国家をめざす組織はその国を武力で制圧するのでないかぎり世界国家を樹立することはできません。世界のすべての国家が自発的に主権を放棄して世界国家を設立することに同意すればいいのかもしれませんが、現状ではそういった事態を想定することは不可能です。そうである以上、世界国家の設立は絶えざる武力による制圧でしか可能ではないのです。

それは決して平和と呼べるものではありません。それどころか、それは絶えざる武力制圧のもとでのみ成立する「魂のない専制政治」だとカントは指摘しています。そんな専制政治が生まれるぐらいなら、むしろいまの諸国が並存している状態のほうがよほどマシだ、ということです。

引用文の後半の段落にも注目しましょう。

カントは世界には言語と宗教を異にするさまざまな民族が存在していると指摘しています。それこそが人類の歴史が生みだしてきた現実である、と。カントは「自然」という言葉をとても広い意味でもちいていることに注意しましょう。

世界国家がつくられた場合、こうした言語と宗教の多様性は必然的に抑圧されることにならざるをえません。なぜなら、世界国家を樹立して運用していくということは、世界全体で一つの集団的意思決定をおこなうということだからです。

世界国家では世界中の人びとがしたがうべき法が意思決定されます。その意思決定は事実上、共通の言語や共通の価値観のもとでなされるしかありません。

もちろん言語でいえば、通訳や翻訳を介すれば多様な言語のあいだでも意見を交わすことはできます。が、逆に言えば、通訳や翻訳が必要だということ自体、何らかの共通言語のもとで意思決定がなされるほかないことを意味しています。

世界国家がつくられれば、現実には強者の論理が働いて、一つないしはごく少数の言語が意思決定の支配権をもつ世界になっていくでしょう。現代でいえば、さしずめ英語でしょうか。少なくともマイナー言語はすぐに淘汰されてしまうでしょう。

宗教でも同じです。

宗教は人間の価値観に大きな影響をあたえるものですので、世界国家のもとで集団的な意思決定をすることが避けられないとなると、不可避的に宗教同士の覇権争いが激化するでしょう。そうなれば必然的に勢力の弱い宗教的価値観は意思決定に反映されなくなっていきます。世界国家は多様性を包摂するようにみえて、実際には多様性を抑圧するのです。

世界国家が成立するとすれば、それは実際には強大国が武力を背景にしてみずからの言語と価値観を他国に押し付けていくというかたちでしかありえません。それは結局のところ帝国主義による植民地支配と変わりありません。これではとても平和とはいえません。

平和を実現するためには国家も国境もなくして世界国家（という言い方をするかどうかは別として）を実現すべきだ、という「コスモポリタン」的な考えをもつ知識人は少なくありません。しかしカントはそうした考えを全面的に否定します。カントからすれば、そうした考えは善意のもとに大きな抑圧が隠されていることに気づいていないのです。

諸個人と諸国家の理論的な違い

世界国家は結局のところ強大国による他国への武力制圧によってしか成立しえません。この点について、カントは次のような理論的な論点も提示しています。

法の支配しない状態にある人間にたいしては、自然法によって、「この状態から抜けだすべきである」と命じることができるが、国家にたいしては国際法によって同じことを命じることはできないのである。というのはどの国家もすでに国内では法的な体制を確立しているので、ある国がみずからの法の概念にしたがって、他国に命令しようとしても効力はないのである。

カントはここで、なぜ諸個人のあいだでは可能だった国家の設立が諸国家のあいだでは可能ではないのか、ということを説明しています。

まず、自然状態にある諸個人は「法の支配しない状態」にあります。つまり、自然状態にある諸個人のあいだで国家が設立されるとき、その諸個人は「法の支配しない状態」から「法の支配する状態」へと移行します。

その移行をうながすのが、引用文では「自然法」だと言われています。「自然法」とは、人間を含むあらゆるものの本性＝自然から導きだされる法則のことです。この場合はとりわけ、人間の本性＝自然にもとづいた人間の行動法則を指しています。

自然状態において人間はまず自己の安全と利益を考えます。そうした行動法則にのっとって人間は「法の支配しない状態でみずからの安全や利益がおびやかされるよりも、他人と協力して法の支配する状態に移行したほうがいい」と判断して、国家状態へと移行するのです。

これに対して、国家のほうは曲がりなりにも国内に「法的な体制」を確立しており、さらには主権（すなわち他国の法にしたがわなくてもいいという自己決定権）ももっています。

そのため、国家にとってはみずから決定した自国の法にしたがう必然性はあっても、他国の法や国際法にしたがう必然性はまったくありません。それどころか、他国の法や国際法にしたがうことは——たとえその他国が世界国家であっても——自国の法や主権を裏切ることにさえなりかねません。

つまり、それぞれの国家にとって世界国家を設立するということは、みずからの「法的な体制」を放棄して別の「法的な体制」に入ることを意味するのです。

　したがってそこでは、自然状態にある諸個人に対して「法の支配しない状態から法の支配する状態――つまり国家状態――へと移行せよ」とうながすような自然法のロジックは機能しようがないのです。言い換えるなら、「法の支配しない状態」から抜けでるように働きかける自然法の命令は、自然状態にある諸個人に対しては効力をもっていても、すでに「法的な体制」を確立している国家に対しては効力をもたないのです。

　自然状態にある諸個人によって国家が設立されるプロセスと、諸国家によって世界国家が設立されるプロセスは、一見すると相同的にみえます。しかしその内実はまったく異なるロジックにもとづいているのです。

　だからこそ、理論的に言っても、諸個人のあいだで国家が設立されたようには、諸国家のあいだに世界国家は設立されないのです。結局、世界国家の設立は、強大国が他国を武力併合することによってしか可能ではないのです。

空虚な理念としての世界国家

　なぜ世界国家ではなく諸国家の連合なのか、ということについて、カントはこんな説明もしています。

> しかしこうした国家は、彼らなりに国際法の理念に基づいて、このこと（引用者注：世界国家を設立すること）を決して望まず、それを一般的《イン・テシ》には正しいと認めながらも、個々の場合《イン・ヒュポテシ》には否認するのである。だからすべてのものが失われてしまわないためには、一つの世界共和国という積極的な理念の代用として、消極的な理念が必要となるのである。この消極的な理念が、たえず拡大しつづける持続的な連合という理念なのであり、この連合が戦争を防ぎ、法を嫌う好戦的な傾向の流れを抑制するのである。

社会のなかでは「一般論としては賛成だが、個別論としては反対」ということがしばしば起こります。たとえば政府が財政難におちいっているとき、政府の予算を削減するという総論には多くの人が賛成しますが、ではどの予算を削るのかという各論になると、それぞれの人は自分にかかわる予算は削られたくないので反対する、というような事態です。「総論賛成・各論反対」などと言われる事態ですね。そうした事態になると、一般論ではみんなが賛成しても、何も状況は改善されません。

世界国家の理念も同じようなものだとカントは述べています。

世界国家の理念はたしかに一般論のレベルではどの国家もその正しさを認める美しい

理念かもしれません。しかし「では、あなたたちはみずからの国家を解体して世界国家に参入しますか」と問われれば、どの国家も「主権を手放してまで参入するつもりはない」と断るに違いありません。

世界国家の理念は、たとえ一般論としては賛成されうるものだとしても、じつのところはいっさい実現されることのない空虚な理念なのです。

現代の世界を見渡すと、みずからの主権を求めて既存の国家からの独立をめざしている地域や集団が数多く存在します。たとえばイギリスのスコットランド[*10]やフランスのコルシカ島[*11]がそうですし、スペインのカタルーニャ地方やバスク地方[*12]も同様です。

主権を手にしたいと考える地域や集団がこれほど多く存在している現状をみれば、世界国家という理念がいかに空虚で、また抑圧的なものなのかが理解されるでしょう。

これに対し、国際的な連合というかたちであれば、どんな小さな国であっても主権国家と認められれば自立した発言権をもつことができ（実際に国連総会では加盟各国は等しく一議席を有しています）、強国の論理に飲み込まれずにすみます。これならむしろ各国にメリットがありますから、世界国家の理念と比べてはるかに実現可能ですし、すべての国を包摂しうる連合へと拡大していくことも可能でしょう。

積極的な理念と消極的な理念

いまの引用文にはもう一つ注目したい点があります。カントはそこで「積極的な理念」と「消極的な理念」を区別しています。引用文ではこう述べられていました。「一つの世界共和国という積極的な理念の代用として、消極的な理念が必要となるのである」と。

この言葉の対比だけをみると、カントは仕方なく「消極的な理念」として諸国家の連合の理念を掲げているような印象を受けます。つまり、本来ならばカントは世界国家の理念のほうを望ましいと考えていたけれども、世界国家の理念ではどうしても「総論賛成・各論反対」の状態におちいってしまうから、消極的に諸国家の連合の理念を掲げていた、という印象です。

しかし、これまでみてきた世界国家への批判からもわかるように、カントは決してそうした消極的な理由から仕方なく諸国家の連合の理念を打ち出しているわけではありません。カントは「積極的な理念」そのものがはらむ危険性を認識していました。

積極的な理念とは、いわば目的が手段を正当化することを許容する理念のことです。すなわち、正しい目的を達成するためなら何をしても許されると考える理念のことです。

カントは世界国家の理念がそうした積極的な理念であることを見抜いていました。その理念は「永遠平和を実現するためには、世界国家に反対する諸国家を武力制圧することも辞さない」という考えをどうしても内包してしまうのです。

こうした考えは根本的な矛盾をはらんでしまいます。というのもそこでは「平和のためなら戦争も辞さない」と考えられてしまうわけですから。

とはいえ、決してこれは笑い事ではありません。

たとえば日本でも一九七一年から七二年にかけて連合赤軍[*13]を名乗るグループが仲間をリンチで殺害するという事件が起こりました。

連合赤軍はもともと反戦運動から生まれてきた反体制グループでした。そのグループが搾取のない平和な世界をつくるという目的のために、その思想を十分に理解していないと思われた仲間を粛清《しゆくせい》して殺害してしまったのです。どのような事情があったにせよ、このグループは結果的に平和のためなら人殺しも許されるという矛盾した事態を招いてしまいました。「積極的な理念」の暴走は決して遠い世界の話ではないのです。

こうした積極的な理念の対極にあるのが消極的な理念です。

消極的な理念とは、手段が最適化されるところに目的を定めようとする理念のことです。永遠平和について言えば、「平和が問われている以上、それを実現する手段も平和的なものでなくてはならない、したがって平和的な手段によって達成されるところに永遠平和の目的を定めよう」と考える理念のことです。

要するに、積極的な理念と消極的な理念のあいだでは目的と手段の関係が逆になるのです。積極的な理念では目的が手段を正当化します。これに対して消極的な理念では手段が目的を正当化するのです。

これは、政治の領域でものごとを考えるうえできわめて重要な視点です。

私たちはともすれば目的が手段を正当化すると考えがちです。とくにその目的が絶対的に正しいと思われるときほど、そう考えてしまいがちです。しかしそうした発想は理念の暴走を招き、政治の場を抑圧と粛清の場にしてしまいかねません。

政治にかぎって言えば、理想は高ければ高いほどいいと考える人は政治には向きません。手段を最適化したところに目的を定められる人こそ政治にたずさわる資格をもつのです。

カントは積極的な理念をしりぞけて消極的な理念を重視しました。この点でも、カントがいかに理想主義者とは程遠いのかがよくわかります。

国際連盟と国際連合の位置づけ

ここまで私たちは、なぜカントは世界国家の理念を否定したのかということを中心に考察を進めてきました。しかし、次のような疑問をもつ人もいるかもしれません。たしかに世界国家の理念は否定されるべきだが、しかしなぜ国家間の国際的な連合が永遠平和をもたらすといえるのか、という疑問です。

実際、カントの考えを体現していたはずの国際連盟は、第一次世界大戦の教訓から戦争を二度と起こさせないことを目的に一九二〇年に設立されましたが、残念ながら第二次世界大戦の勃発を阻止することができませんでした。

また、現在の国際連合はそのときの反省を踏まえてつくられましたが、いまだ私たちの世界は永遠平和の実現には程遠い状況にあります。

こうした現実を前に、私たちはカントの構想をどう評価すればいいのでしょうか。

まず確認したいのは、カントは国際的な連合がつくられればただちに永遠平和が実現されるとは一言もいっていない、ということです。

カントによれば、国際的な連合はあくまでも永遠平和が実現されるための前提条件です。決してそれは十分条件ではありません。そもそも両者の関係は、一方があたえられれば自動的に他方が導かれるというものではないのです。

永遠平和が実現されるためには、各国家が他国との係争を武力によってではなく共通の法にもとづいて解決するようにならなくてはなりません。国際的な連合はその土台をなすものであり、平和が確実なものとなるためには、その土台のもとで各国家は繰り返し他国との係争を共通の法にもとづいて解決するということをおこなわなくてはなりません。そうした法による解決が繰り返しおこなわれることで、ようやく法にもとづく係争解決が国際社会に定着し、平和も実効的なものになっていくのです。

したがって、かつての国際連盟の試みも、現在の国際連合の試みも、どちらも永遠平和にむかう途上のものだと理解されなくてはなりません。カントが構想した世界はまだずっと先にあるのです。

カントの現実主義

ただしカントは永遠平和を到達しえない未来でしか実現されないものとは考えませんでした。この点は注意しておきましょう。

というのも、カントのいう永遠平和をめぐっては、しばしば次のような解釈がなされることがあるからです。すなわち、カントにおける永遠平和とは決して到達しえない未来から現在を批判的に考察するための理念である、という解釈です。

しかし実際には、カントはそのようなものとして永遠平和を考えてはいませんでした。カントはこう述べています。

この連合の理念は次第に広がってすべての国家が加盟するようになり、こうして永遠の平和が実現されるようになるべきであるが、その実現可能性、すなわち客観的な現実性は明確に示すことができるのである。

カントによれば、永遠平和とは決して人類がたどり着けない夢や理想なのではありません。それは実現可能なものであり、それが実現するという客観的な根拠を現実のなかにみいだせるものなのです。

では、その客観的な根拠をカントはどのような現実のなかにみいだしているのでしょうか。カントは次のように論じています。

このようにすべての国は、少なくとも言葉の上では〈法・権利〉の概念に敬意を表明しているが、このことは人間のうちに、まだ眠り込んでいるとしても、偉大な道徳的な素質があることを示すものであり、これが人間のうちにひそむ悪の原理を克服できること（悪の原理がひそむことをだれも否定することはできない）、そして他者も同じようにこの原理を克服することを期待できることを告げるものである。

いかに各国が法を自分に有利なようにねじ曲げてもちいようとしても、各国は少なくとも表面上は法に敬意を払っているようにみせかけます。そうでなければ法を味方につけることができないからです。法を味方につけられなければ、法を使った悪だくみもできません。

カントはまさにこうした現実にこそ、各国が結局は法を尊重せざるをえなくなり、法の支配が国際社会に確立していく可能性があると考えました。

人間もそして国家も、考えつくかぎりの悪をなしえます。にもかかわらずと言うべきか、だからこそと言うべきか、その悪行が他者（他国）の前に露呈してしまったときは、人間も国家も、それを法に背いていないものとして正当化せずにはいられません。その「法に背いていないものとして正当化せずにはいられない」という行動が、結果的に「法を尊重せざるをえない」という事態を強化するのです。

カントはこうした逆説的なプロセスのなかに永遠平和の実現可能性をみいだしました。

その実現可能性は、国家同士が連合し、少しずつでも法を尊重しあう関係を深めていくことで、より確実なものになっていきます。カントが国際的な連合に期待するのはそのためです。

いま引用した一節を読むと、カントは現実主義者でありながらも、決して現実を仕方ないものとしてそのまま受け入れるという意味での現実主義者ではなかったことがわかります。カントの現実主義とは、よりよい未来の可能性をあくまでも現実のなかにみいだすという意味での現実主義なのです。

なぜ世界市民法なのか

ここから第三確定条項の検討に入りましょう。

第三確定条項は次のように定められていました。「世界市民法は、普遍的な歓待の条件に制限されるべきこと」と。

この第三確定条項において、カントは国内法とも国際法とも区別される世界市民法について、それはどのような条件にしたがうべきかを論じています。

とはいえ、いきなり「世界市民法」と言われても、ピンとこない人もいるでしょう。そもそも「世界市民法」とは何でしょうか。カントは世界市民法についてこう説明しています。

> ところでいまや地球のさまざまな民族のうちに共同体があまねく広がったために（広いものも狭いものもあるが）、地球の一つの場所で法・権利の侵害が起こると、それはすべての場所で感じられるようになったのである。だから世界市民法という理念は空想的なものでも誇張されたものでもなく、人類の公的な法についても、永遠平和についても、国内法と国際法における書かれざる法典を補うものとして必然的なものなのである。そしてこの条件のもとでのみ、人類は永遠平和に近づいていることを誇ることができるのである。

この引用文ではまず、地球は有限な広さしかもたないので人類は無限に散らばって生活することはできないということが前提とされています。そのため、カントによれば、いくらそれぞれの民族が各国家に分かれて存在していたとしても、地球上のすべての人のあいだで国家をこえた交流が生じることは避けられません。したがって、そうした交流によって生じるかもしれない法・権利の侵害から地球上のすべての人を守るような普遍的な世界市民法の理念がどうしても必要になるのです。

実際、この引用文で述べられているように、いまや地球上のどこかの場所でそうした法・権利の侵害が起これば、それは地球上のあらゆる場所で我が事のように感じられるほど、国家をこえた人びとの交流はさかんになっています。

しかし、国際法は国家と国家の関係を対象とするので、そうした法・権利の侵害から各人を守ることには適していません。もちろん国内法にも――国境をこえて活動する自国民を保護することに対しては――限界があります。そのため、国家をこえて交流する人びとの権利の保護をもっぱら対象とするような、普遍的な世界市民法の理念が、国内法や国際法とは別に求められるのです。

こうした世界市民法の理念がなければ、地球上の人びとは他国の人たちと安心して友好的な関係を築くことができません。しかもその友好的な関係は永遠平和の実現にとって基礎となるものです。だからこそカントは国際法の水準とは別にこの世界市民法の理念を提示したのです。

歓待とは何か

こうした世界市民法についてカントは「普遍的な歓待の条件に制限されるべき」だと第三確定条項で述べています。つまり、世界市民法は世界のすべての人たちが歓待を受けるべきだという前提条件のもとで定められなくてはならない、ということです。

では、この「歓待」とはどのようなことを指しているでしょうか。カントはこう説明しています。

> ここで歓待、すなわち〈善きもてなし〉というのは、外国人が他国の土地に足を踏みいれたというだけの理由で、その国の人から敵として扱われない権利をさす。その国の人は、外国から訪れた人が退去させられることで生命が危険にさらされない場合にかぎって、国外に退去させることはできる。しかし外国人がその場で平和的にふるまうかぎりは、彼を敵として扱ってはならない。

国家をこえた人びとの交流がさかんになれば、必然的に多くの人が他国の土地に足を踏み入れることになります。しかし彼らはその地で平和的にふるまうかぎり決してその国の人たちから敵として扱われてはなりません。その「敵として扱われない権利」が「歓待」と言われているものです。

注意しておきたいのは、カントは「歓待」をあくまでも法によって保護されるべき一つの「権利」だと考えていたということです。カントにおいて歓待とは博愛精神を説く道徳概念ではありません。カント自身、引用文でこのことを強調しています。「歓待」ときくと、どうしても他者を無条件に迎え入れることを説くような博愛精神を想定してしまいがちです。しかし、博愛精神によって平和が達成されると考えるほどカントはナイーブではありません。このことはあらためて確認しておきましょう。

誤解されやすい「歓待」の概念

ところで、現代哲学の世界においてこのカントの「歓待」概念があらためて大きく注目されたことがありました。きっかけは、フランスの哲学者ジャック・デリダ*[14]が一九九〇年代後半に出版した『歓待について』*[15]のなかでこの概念を肯定的に援用したことです。

デリダはなぜカントのこの概念を二十世紀も終わりになってあえて取り上げたのでしょうか。それには当時のフランスの社会状況が深くかかわっています。

当時フランスでは反移民の世論の高まりを背景に、不法移民に対する風当たりが強くなっていました。一九九〇年代後半には、不法移民に対する取り締まりを強化する法案がたて続けに国会に提出されます。もちろんその一方でそれらの法案に反対する声もフランス社会には広がりました。法案に対抗して不法移民たち（彼らは「サン・パピエ」――滞在許可証がない人たち――と呼ばれました）が市中の教会を占拠し、抗議活動を繰り広げる、といった事態まで発生しました。

デリダがカントの「歓待」概念を肯定的に援用したのは、こうした社会状況のなかで反移民の動きに対抗して、外国人（他者）を歓待することの重要性を哲学的に示すためでした。デリダはそこでカントの「歓待」概念をさらに発展させ、他者を無条件に歓待することがいかに人間存在にとって本質的なのか、という議論を展開しています。

こうしたデリダの試みは、カントの「歓待」概念を現代的な文脈のなかで継承しようとする一つのアクチュアルな試みだと言えるでしょう。目のまえの社会状況に対して哲学史の遺産を掘り起こしながら果敢に介入しようとするデリダの姿は、哲学の世界をこえて広く人文思想の世界にも大きな影響をあたえました。

とはいえ、その意義は十分認めつつも、じつはカントの「歓待」概念から〝移民を無条件に歓待すべき〟という考えを導きだすことには大きな無理があることは、ここで指摘しておかなくてはなりません。

たしかに先の引用文を読むかぎりでは、カントの「歓待」概念を移民の受け入れについての概念として読み替えてもそれほどおかしくはないように思われるかもしれません。しかしカントはその引用文に続けて次のように述べています。

> ただし外国から訪れた人が要求することができるのは、客人の権利ではない。この権利を要求するには、外国から訪れた人を当面は家族の一員として遇するという特別な条約が必要であろう。外国から訪れた人が要求できるのは、訪問の権利であり、すべての人が地表を共同で所有するという権利に基づいて、たがいに友好的な関係を構築するために認められるべき権利なのである。

ある国が移民を受け入れるためには、その国の政府は彼らに対して言語の習得を手助けしたり、職業訓練の機会を提供したり、あるいは彼らが職に就けないようなら生活保護などの社会保障をあたえたりしなくてはなりません。そうしたサービスを移民が受けることは、引用文では「客人の権利」と言われています。

カントによれば、そうした「客人の権利」は「歓待の権利」とはあくまでも区別されるべきものです。その「客人の権利」を外国人が享受《きょうじゅ》するためにはさらに特別な条約が締結されなくてはなりません。つまり、世界中の人びとに認められるべきだとカントが述べているのは、あくまでも「訪問の権利」としての「歓待の権利」までであって、その国に移住する権利としての「客人の権利」はそこには含まれていないのです。

たしかにカントは、世界市民法にしたがって各国は「歓待の権利」を保障すべきだと考えました。しかし、だからといって無条件に移民を受け入れるべきだとは一言も述べていないのです。

こうした明確な区別をカント自身がしている以上、その「歓待」概念から〝移民を無条件に歓待すべき〟という考えを導きだすことは、カントの意に沿わないどころか、カントの主張に対立することにすらなるでしょう。そうした牽強付会が許されるなら、そもそも哲学の古典を援用すること自体が意味をなさなくなってしまいます。

カントが「歓待」概念に込めたもの

とはいえ、こうした指摘に対しては反論がありうるかもしれません。

というのも、いまみた引用文でカントはこう述べているからです。「(訪問の権利とは)すべての人が地表を共同で所有するという権利にもとづいて、たがいに友好的な関係を構築するために認められるべき権利なのである」と。

ここから以下のような反論が生まれてきます。

すなわち、カントのいう「訪問の権利」＝「歓待の権利」とは「すべての人が地表を共同で所有するという権利」にもとづくものであって、そうした権利にまでさかのぼるならば、いかなる国の人も外からやってきた人が自国に住むことを妨げる権利を特権的にもつわけではないのではないか、したがって「歓待」概念を〝移民を無条件に歓待すべき〟という意味で解釈しても問題ないのではないか。

こうした反論です。

たしかにカントは次のようにも述べています。

　この地球という球体の表面では、人間は無限に散らばって広がることができないために、共存するしかないのであり、ほんらいいかなる人も、地球のある場所に居住する権利をほかの人よりも多く認められることはないはずなのである。

ここを読むと、たしかにカントの「歓待」概念を〝移民を無条件に歓待すべき〟という意味として解釈しても問題ないように思えるかもしれません。

事実、地球上のあらゆる土地は本来誰のものでもありません。いまある土地の所有権も、さらには国家の領有権も、たまたま昔からそこに住んできた人たちがそれらを自分たちのものだと決めた結果にすぎません。したがって、その土地にあとからやってきた移民にもその土地に住む権利はあるはずであり、そのような権利として「歓待の権利」を解釈することはむしろ妥当なのではないか――そう考えたくなるかもしれません。

しかし、そうした解釈はやはり妥当とは言えません。ポイントとなるのは、カントがこれを書いた時代状況です。

十八世紀から十九世紀の初めにかけて、外国への訪問で一般的だったのは、先進国であるヨーロッパ諸国の人びとがそれ以外の地域を訪問することでした。逆に、先進国への移民の流入が問題になったのはようやく二十世紀の後半になってからです。そうしたカントの時代の訪問において何が起こっていたのかといえば、ヨーロッパ諸国による侵略と植民地支配です。彼らは訪問先の住民を武力で制圧して支配権を獲得したり、あるいは現地の住民同士を焚《た》きつけることで戦争を起こさせて、その隙をみて自分たちの支配権を獲得したりして、植民地支配を確立していきました。

つまり当時、外国人を敵としてあつかっていたのは訪問された側の人たちではなく、訪問する側の人たちだったのです。カントが「敵として扱われない権利」としての「歓待の権利」を主張した背景には、そうした先進国の訪問者たちによる「歓待に欠けた態度」がありました。カントはこう述べています。

> しかし外国から訪れた者に認められるこの歓待の権利は、昔からの住民との交通を試みる可能性の条件を提供するものにすぎない。この権利が認められることで、世界の遠く離れた大陸がたがいに平和な関係を結び、やがてはこの関係が公的で法的なものとなり、人類がいずれはますます世界市民的な体制に近くなることが期待できるのである。
>
> これと比較するために、開化された民族、とくにヨーロッパ大陸で商業を営む諸国の歓待に欠けた態度を考えていただきたい。これらの諸国がほかの大陸やほかの諸国を訪問する際に、きわめて不正な態度を示すことは忌まわしいほどであり、彼らにとって訪問とは征服を意味するのである。

もしカントのいう「歓待の権利」を〝地球上のあらゆる土地は本来誰のものでもないのだから、あとからきた人たちもその土地に居住する権利がある〟という意味で解釈することが妥当であるならば、ヨーロッパ諸国の人たちがヨーロッパ以外の土地にあとから訪問して、その土地を自分たちのもの、つまり植民地にしてもかまわないことになってしまいます。

しかしこれは明らかにカントの意に反する解釈です。デリダがおこなったような「歓待」解釈は、カントが批判した植民地支配を肯定することになってしまう、ということに気づかなくてはなりません。

カントはたしかに、本来いかなる人も地球上の特定の土地に居住する権利をほかの人よりも多く認められているわけではない、と述べています。しかしだからといって、あとからきた人もその土地に住む権利を認められるべきとは一言も述べていません。それは場合によっては植民地支配のようなきわめて暴力的な征服を正当化してしまうからです。

カントが述べているのは、だからこそ「たがいに友好的な関係を構築するために認められるべき権利」として「歓待の権利（訪問の権利）」を世界市民法の条件にすべきだ、というところまでです。

なぜカントが「歓待の権利」の内容を「訪問の権利」にとどめたのか、その理由を正確に理解するならば、「歓待の権利」を〝移民を無条件に歓待すべき〟という意味で解釈することは決してできないのです。

＊1　国際法

国家相互の関係を規制する法的規範。あるいは国際社会の諸関係を規律する法。条約と国際慣習法からなる。十六〜十八世紀、オランダのグロティウスらが「ヨーロッパ公法」として体系化し、十九〜二十世紀にいたり、普遍的な国際社会の法と認められるようになった。

＊2　ワイマール憲法

第一次世界大戦直後のワイマール議会で制定された「一九一九年八月十一日ドイツ憲法」の通称。「ドイツは共和国である。国家権力は国民に由来する」（第一条）以下、普通平等直接・比例代表制選挙の導入、議院内閣制の確立、社会権（生存権・労働権など）の保障などが特徴。

＊3　アドルフ・ヒトラー

一八八九〜一九四五。ドイツの政治家。一九三三年首相、三四年総統。独裁者として第二次世界大戦を引き起こしたが、戦局破綻の果てに自殺。

＊4　全権委任法

「授権法」とも。ドイツで一九三三年三月に成立した法律で、国会や大統領の合意なしに政府が立法権を行使することを認めるもの。たとえば憲法を改める内容の法律であっても、国会の承認なしに発布できる。同法は繰り返し更新されて、ナチス独裁体制に合法の体裁をあたえた。

＊5　国家総動員体制

人的・物的資源を統制・動員・運用するための「国家総動員法」が制定された、日中戦争中の昭和十三年（一九三八）四月から、同法が廃止される二十年（四五）の太平洋戦争敗戦までの日本の戦時体制を端的にいう言葉。これにより諸統制令（勅令）が多数発令された。

＊6　国際連合（国連）

〈戦争の惨害から将来の世代を救う〉（国連憲章）

目的で、第二次世界大戦終結の直後（一九四五年一〇月）に発足した国際平和機構。国際的な平和と安全の維持のため、強い権限を有する安全保障理事会（安保理）を設けているが、近年、その機能の有効性が論議されている。

＊7　国際司法裁判所

ハーグ（オランダ）に所在。国連総会・安全保障理事会で選出される十五名の裁判官で構成され、国家間の法的紛争を裁くほか、法律問題で勧告的意見をあたえる。

＊8　国際連盟

第一次世界大戦終結後の一九二〇年、〈国際平和と安全の保障は普遍的〉という理念の制度化をめざして発足した史上初の国際組織。しかし国際環境の激変に対応できず、第二次世界大戦の勃発をゆるした。四六年解散。

＊9　EU（欧州連合）

ヨーロッパ諸国が加盟する組織体。ECSC（欧州石炭鉄鋼共同体）、EC（欧州共同体）を前身とし、一九九三年に発足。政治経済の統合を目的とする。加盟国は最大二十八か国にまで拡大したが、二〇二〇年、イギリスが史上はじめてとなる離脱を敢行した。

＊10　スコットランド

イギリスを構成する四つの地域の一つ。一七〇七年にイングランドと連合してグレートブリテン王国となるまでは、独立国（スコットランド王国）だった。その経緯から独立志向が強く、二〇一四年には独立を問う住民投票が実施されたが、独立は僅差で否定された。

＊11　コルシカ島

地中海に浮かぶフランス領の島。中世はイタリアの都市国家の支配を受け、一七七〇年フランスに併合。一九八〇年代の民族解放闘争ののち、独立志向は否定されたが、最近穏健な民族主義政党が台頭し、自治拡大・住民投票が考慮されるようになっている。

＊12　カタルーニャ地方やバスク地方

カタルーニャはスペイン北東部、地中海沿岸の自治州。独自の言語・文化を主張し、かねてより独立を志向。二〇一五年、独立賛成派が多数を占めた議会は、「独立手続き開始宣言」を採択した。バスクは北部の自治州。一九六八〜二〇一一年、バスクの分離独立をめざす民族組織「バスク祖国と自由」（一九五九発足）が武装闘争を展開した。

＊13　連合赤軍

一九七一年七月、赤軍派と京浜安保共闘が合同して結成した極左テロ組織。同志をリンチ殺人した「山岳ベース事件」（七〇〜七二）、一般人を人質にとった「あさま山荘事件」（七二）などを引き起こした。

＊14　ジャック・デリダ

一九三〇〜二〇〇四。フランスの哲学者。西洋形而上学のロゴス中心主義を批判、ディコンストラクション（脱構築。先行する哲学者たちの通った道をそのままたどりながら、じつはそのテキストを横領してしまう戦略）を提唱。著書に『エクリチュールと差異』『グラマトロジーについて』などがある。

＊15　『歓待について』

デリダが敵意・他者・異邦人、国境に到来するあらゆるもの（移民）について語った、一九九五〜九六年の講義の記録（一九九七刊）。

第3章——
人間の悪こそ平和の条件である

議論の自由と秘密条項

ここまで私たちは『永遠平和のために』第二章で示された三つの「確定条項」を読み解いてきました。ここからは第二章の残りの部分をみていきましょう。

カントは第二章のなかで、三つの確定条項を説明したあと、それを補足する二つの「追加条項」について論じています。その二つの追加条項にはそれぞれ次のような見出しがつけられています。

◆第一追加条項
永遠平和の保証について
◆第二追加条項
永遠平和のための秘密条項

順番は逆になりますが、まずは第二追加条項からみていきましょう。

この第二追加条項では、一言でいえば次のようなことが述べられています。すなわち、国政を担うのは政治家と法律家（いまでいうと行政官）だが、彼らは平和をもたらすための条件について哲学者の助言を仰ぐべきである、ということです。

なぜカントはこのような提言をするのでしょうか。それは、具体的な状況のなかでおこなわれる権力の行使には往々にして普遍的な理性の判断が欠けてしまうからです。その欠陥を補うために、国政を担う人間は哲学者に自由かつ公に議論させることが必要だ、とカントは主張しています。

カントはここで、現代でいう「表現の自由」「思想信条の自由」を擁護しています。カントはほかの著作や論文ではほとんどそうした発言をおこなっていません。その点で、この部分は注目に値します。

ここから読み取れるように、カントは人間が普遍的で理性的な判断をおこなうためには自由で公な議論が必要だと考えていました。自由に議論できること、そして権力による抑圧を恐れてそれを隠すようなことはしなくてもすむこと。これが人間の理性の行使にとって不可欠なことだと、カントはさりげなく主張しているのです。

もう一点、この第二追加条項で注意しておきたいことがあります。それはこの追加条項が「秘密条項」だとされていることです。

カントは、秘密条項が多く含まれていたバーゼル平和条約に不信感を抱いていたように、平和条約に秘密条項が含まれることそのものに批判的でした。事実、この第二追加条項の冒頭でもカントはこう述べています。「公法の交渉の過程において秘密条約が存在するということは、客観的には（すなわちその内容から判断するかぎり）矛盾したものである」と。

にもかかわらず、なぜカントはこの第二追加条項を「秘密条項」としたのでしょうか。その理由をカントは次のように述べています。

> というのは、国家の立法者たちにとっては、最高の智恵を蔵しているのは国家にほかならないはずである。だから臣下である哲学者に助言を求めることは、ほかの国家にたいして威厳を守るという原則からみると、国家の威厳に傷をつけるものと思われよう。しかし哲学者に助言を求めることは、きわめて望ましいのである。だから国家は暗黙のうちに、すなわち助言を求めていることを秘密にしながら、哲学者たちに助言するよう促すことになろう。

カントによれば、国家の中枢にいる人間が臣下である哲学者に助言を仰ぐことは国家の威厳を損ねてしまいかねません。それを避けるために、哲学者に助言を仰ぐことを定める第二追加条項は「秘密条項」でなくてはならないのです。

ただ、秘密条項にする以上、政府は哲学者に助言を仰いでいることをバレないようにしなくてはなりません。そのための最良の方法とはどのようなものでしょうか。その方法こそ、哲学者たちに自由に公に議論させることだとカントは主張しているのです。自由で公な議論を守るためにこそ秘密条項が必要となる、というのは何とも逆説的なロジックです。それだけ当時は表現の自由や思想信条の自由はまだまだデリケートな問題だったということでしょう。

カントは、秘密条項が適切なものだと認められるのはこの場合のみだと述べています。このことからも、哲学者の自由で公な議論を擁護するためにカントがいかに腐心したかがよくわかります。

自然こそが永遠平和を保証する

もう一つの第一追加条項に移りましょう。この第一追加条項は『永遠平和のために』に通底するカントの世界観が示されている、とても興味深い部分です。

カントは第一追加条項の説明を次のように書き始めています。

永遠平和を保証《ガランティー》するのは、偉大な芸術家である自然、すなわち〈諸物を巧みに創造する自然〉である。自然の機械的な流れからは、人間の意志に反してでも人間の不和を通じて融和を作りだそうとする自然の目的がはっきりと示されるのである。

この引用文には二つのポイントがあります。

一つは「自然」という言葉の意味です。ここでいう「自然」とは、「自然を満喫する」とか「大自然のなかの生活」とかいうような意味で使われる「自然」ではありません。そうではなく、地球上のあらゆるものを創りだし、動かしているものとしての「自然」です。

この「自然」のなかには当然、人間も含まれます。「自然を満喫する」といった意味での「自然」には人間は含まれませんよね。それは「人工」と対比された意味での「自然」です。それに対して、カントのいう「自然」には人間が含まれるどころか、人間のさまざまな所業――そこには善行も悪行もあります――も含まれます。

先に私たちは、自然状態の「自然」とは人間の「本性」という意味でもあることを確認しました。そうした人間の「本性」や、そこから帰結されるさまざまな人間の行動や生活、社会関係なども、ここでいう「自然」には含まれるのです。

したがって、その意味は私たちが「自然の摂理」などというときの「自然」に近い意味だと理解してください。事実、カントはその「自然」を「摂理」と呼ぶこともできると述べています。ただし「摂理」という言葉には宗教的な意味合いがどうしても含まれてしまいますので、カントは端的に「自然」という言葉を使っています。

「自然」という言葉のこうした使い方は、じつはヨーロッパの哲学の歴史においてしばしばみられるものです。カントの用法は決して特別なものではありません。むしろ哲学史においては標準的なものです。

引用文では、こうした「自然」こそが永遠平和を保証すると言われています。これがこの引用文におけるもう一つのポイントです。

これはどういうことでしょうか。

カントは引用文のなかで、「自然」には人間の意志に反してでも人間の不和から融和をつくりだそうとする働きが存在する、と述べています。人間のあいだの不和がかえって人間同士の融和につながる、ということですね。

人間の「本性＝自然」は戦争にむかう傾向性を宿しているとカントは論じていました。しかしその「自然」はさらに、そうした戦争にむかう傾向性から平和さえも生みだそうとするのです。人間の「本性＝自然」は決して戦争を引き起こすだけで終わるわけではないのです。

一見すると、人類の歴史には戦争や犯罪といった暴力があふれています。しかしカントによれば、そうした不和も結果的には人間のあいだに融和をつくりだす働きを担っており、全体として「自然」のなかには永遠平和にむかう目的性がはっきりと示されているのです。

世界のいたるところに人間が住んでいる謎

では、永遠平和を保証する「自然」の働きとは具体的にはどのようなものでしょうか。カントはこう述べています。

> 自然が暫定的に準備したものとして次の三つの点をあげることができる。自然は㈠人間が世界のあらゆる地方で生活できるように配慮した。㈡戦争によって、人間を人も住めぬような場所にまで駆り立て、そこに居住させた。㈢また同じく戦争によって、人間が多かれ少なかれ法的な状況に入らざるをえないようにしたのである。

カントはここで「自然」の働きとして三つの点をあげています。それぞれの点を順番にみていきましょう。

まずは一つめの点から。

世界を見渡すと、私たちには想像もできない過酷な環境のなかで暮らしてきた人たちがいることに驚かされます。たとえば極寒の地であったり、ほとんど雨が降らない砂漠の地であったり、という環境です。しかし、そうした過酷な環境のなかで実際に生活してきた人たちがいるということは、そこには何らかのかたちで人間が生きていけるだけのものがそなわっていたということです。

たとえば、北極圏の荒涼たる大地にも苔が生えていて、それを食べるトナカイが生息しています。その地の住民たちはそのトナカイを食料にしたり、ソリを引く動力にしたりします。また海岸にはアザラシやセイウチ、クジラなどが棲み、住民たちはそれらの動物を食料として、またその脂肪を燃料として活用しています。

また、水が乏しく塩分の強い砂漠にもラクダに必要な食料があり、人間はそのラクダを利用して砂漠を移動してきました。

こうしたことが、引用文で「自然は人間が世界のあらゆる地方で生活できるように配慮した」と言われていることです。

ただし注意しましょう。カントはこのことを指摘することによって、自然のありがたさや人智をこえた恩恵といったものを示そうとしているのではありません。カントがここで示そうとしているのは、人類は自然の働きをつうじてさまざまな地域でそれぞれの民族に分かれて生存してきた、という事実です。

この事実は、世界国家の設立がいかに永遠平和を実現する方法としてふさわしくないかというカントの認識につながっています。「自然」が人間をさまざまな地域でそれぞれの民族に分散させて存在させてきた以上、世界国家という理想を掲げても、それは多くの民族を強者の論理でむりやり支配する悲劇しか生みません。永遠平和を実現するためには、「自然」がそうなっているという現実に合わせてその方法を探さなくてはならないのです。

理想によって現実を否定するのではなく、現実のなかに理想が実現される糸口を辛抱強くみいだそうとするカントの姿勢がここにもあらわれています。

戦争が人間を分散させた

それにしてもなぜ人間はそうした決して住みやすいとはいえない環境にも住んできたのでしょうか。カントは答えます、「戦争のほかに理由は考えられない」と。

これは「自然」の働きの二つめの点にかかわっています。
カントは次のように説明しています。

ところで自然は人間が地上のあらゆる場所に住むことができるように配慮しただけでなく、人間がその好みに反してでも、いたるところで生きるべきであることを独断的に望んだのである。ところがこの「べきである」というのは、ある義務の観念に基づいて、人間が道徳的な法によって拘束されるという意味ではない。自然はこの目的を実現するために戦争を選んだという意味であり、それは次のことからも明らかであろう。同じ言語を使うことから、原初においては統一されていたことがわかる民族が分かれて住んでいる例がある。サモイエード人[*1]のように氷の海の沿岸に住む民族と似た言葉を使う民族が、二百マイルも離れたアルタイ山脈に住んでいるのである。この二つの民族の間に、騎馬を巧みに扱う好戦的なモンゴル民族が割り込んできて、二つの民族を引き離し、片方を極北の荒地においやったのである。こうした民族がみずから好んで極地にまで広がっていったのではないことはほぼ確実である。

人類は――生物の一つである以上――ともかくも生存していかなくてはなりません。そのため人類は当然ながら肥沃《ひよく》な土地や安全な土地、気候の穏やかな土地を好みます。にもかかわらず、そうではない土地にまで人間が居住しているのはなぜなのでしょうか。その人間たちがむりやりそういった土地に追いやられたから、という理由以外、考えられません。

彼らはその土地に、ほかの集団との戦争で敗れて追いやられたのか、それとも戦闘そのものを避けるために移り住んだのか、それはわかりません。が、何らかの暴力のまえにむりやり厳しい環境の土地へと追いやられたことは明らかです。

ところで、戦争そのものは人間の「本性＝自然」から派生してくるものです。「戦争はあたかも人間の本性に接ぎ木されたかのようである」とカントは述べていました。

つまり、戦争をおこなうのはたしかに人間なのですが、それは「自然＝本性」が人間をつうじて戦争を生じさせていることと同じです。

だからこそ、先の引用文では「（自然は）戦争によって、人間を人も住めぬような場所にまで駆り立て、そこに居住させた」という言い方がなされているのです。「自然」は、戦争へとむかう人間の傾向性をつうじて、一部の人間を厳しい環境に追いやったのです。

戦争が国家の形成をうながした

三つめの点に移りましょう。

自然が暫定的に準備した三つめの点として、カントはこう述べていました。「(自然は) また同じく戦争によって、人間が多かれ少なかれ法的な状況に入らざるをえないようにしたのである」と。

これはどのようなことでしょうか。少々わかりにくいかもしれません。これについてカントはこう説明しています。

ある民族に内的な不和がなく、公法の強制に服する必要を感じていない場合にも、戦争が外部からこれを強いることになるだろう。すでに指摘しておいたような自然の準備によって、どの民族も隣接する地のほかの民族に圧迫されることになり、それに対抗する力をもつためには、その民族は内部において国家を形成していなければならないのである。

国家とは強制力（つまり武力）を組織することで法の支配を確立しようとする機構の

ことでした。カントのいう「法的な状況」とは要するに国家状態のことです。

もし社会の規模がそれほど大きくなく、またその内部の構造もきわめて単純であれば、社会が維持されるためにわざわざ強制力が組織される必要はないかもしれません。つまりそれは国家なき社会、強制力の執行機関のない社会です。

しかし、そうした社会であっても、外部の勢力による侵略や征服、支配からみずからの独立を守るためには、防衛力を整備しなくてはなりません。防衛力を整備するということは、社会のなかに強制力をもった機関を出現させるということです。つまり、外部の勢力から独立を守るためには、その社会の人びとは国家を形成せざるをえないのです。

たとえ社会の内部には国家を形成する必要性がなかったとしても、その必要性は外部から――戦争の可能性とともに――やってくるのです。カントが、人間は戦争によって国家状態に入らざるをえなくなる、と述べるのはこのためです。

こうしたカントの立論は、国家の存在に少しでも反対したい人たちにとってはもしかしたら十分納得のできるものではないかもしれません。

しかし、人類史を眺めればわかるように、国家を形成することに何らかの理由で成功しなかった民族や社会は結果的に他国の統治のもとに組み込まれてしまっています。現在、領土問題などで国境が確定されていない地域を除いて、地球上には国家に組み込まれていない土地はありません（国境が確定されていない地域も、当事国からみれば自国に組み込まれている土地にほかなりません）。南極大陸といえども、それがどこの国家にも組み込まれていない土地になっているのは、国家間の取り決めによってです。

現実には、他国の統治に組み込まれたくなければ、その土地の人たちはみずから国家を形成するしかないのです。つまり、他国に組み込まれるにせよ、みずから国家を形成するにせよ、どちらにしても国家からは逃れられないのです。

これが人類史の現実であり、それを理想論によって観念的に否定するのでないかぎり、カントの指摘はきわめて妥当だと考えなくてはなりません。

利己心こそが国家を形成させる

人類は大きな歴史の流れからみれば国家から逃れることはできません。それが「自然」の働きについてカントが洞察したことでした。言い換えるなら、国家の形成は人類にとって必然的です。

その必然性について、カントは理論的にも次のような説明を加えています。

国家の樹立の問題は、たとえどれほど困難なものと感じられようとも、解決できる問題である。悪魔たちであっても、知性さえそなえていれば国家を樹立できるのだ。これは次のように表現できる。「ある一群の理性的な存在者がいて、自己保存のためには全体としては普遍的な法則の適用を求めるが、自分だけはひそかにその法則の適用を免れたいと願っているとする。この一群の人々に秩序を与え、体制を樹立させて、個人としての心情においてはたがいに対立しあっていても、公的な行動においては、私情をたがいに抑制させ、悪しき心情などなかったかのようにふるまわせるにはどうすればよいか」。この問題は解決可能なはずである。ここで求められているのは、人間を道徳的に改善することではなく、自然のメカニズムを機能させることだからだ。

なぜここでカントが「悪魔」を登場させているのかというと、いかに人間は道徳的に悪い存在だとしても知性さえそなえていれば国家の形成にむかうはずだということを示すためです。

人間は、道徳的に悪い人間ほど、自分の利益と保身を最優先に考えます。そうした邪悪な人間にとってもっとも都合がいいのは、ほかのすべての人たちが法にしたがい（それによって自分の身の安全は保たれる）、かつ自分だけは法の適用をまぬがれる（それによって自分の利益は最大化される）、という状況です。

しかしこうした状況は長続きしません。なぜなら、そこではあらゆる人が「自分以外のすべての人は法にしたがうべきだ」と考えて、ほかのすべての人たちに法にしたがうことを要求しますので、自分だけは法にしたがわなくてすむということが起こりえなくなってしまうからです。自分は法にしたがわずに、他人には法にしたがうことを要求しても、まったく説得力がありません。その結果、すべての人たちは心情的にはたがいに対立しあっていても行動的には法にしたがっているという「法的な状況」が出現するのです。

国家を形成するために人間は道徳的に優れた存在になる必要はありません。それどころか、人間に利己心と自己保存の欲求さえあれば国家は形成されるのです。まさに引用文でカントが述べているように、「自然のメカニズムを機能させること」だけによって国家は形成されるのです。

利己心と自己保存の欲求をもっていない人間はいないでしょう。もしいたとしても、それはその人が道徳的に優れた存在であることを示しているだけです。そうである以上、どちらにしても国家は形成される、というのがカントの「自然のメカニズム」についての洞察なのです。

以上が、「自然が暫定的に準備した」とカントが述べる三つの点です。

ただし、永遠平和を保証する「自然」の働きはこれら三つの点にとどまりません。カントはさらに国家間の関係においても永遠平和にむけた「自然のメカニズム」が機能すると考えました。カントはこう述べています。

「商業の精神」は戦争と両立しない

> 他方ではまた自然は、たがいの利己心を通じて、諸民族を結合させているのであり、これなしで世界市民法の概念だけでは、民族の間の暴力と戦争を防止することはできなかっただろう。これが商業の精神であり、これは戦争とは両立できないものであり、遅かれ早かれすべての民族はこの精神に支配されるようになるのである。というのは、国家権力のもとにあるすべての力と手段のうちでもっとも信頼できるのは財力であり、諸国は道徳性という動機によらずとも、この力によって高貴な平和を促進せざるをえなくなるのである。
>
> そして世界のどこでも、戦争が勃発する危険が迫ると、諸国はあたかも永続的な

同盟を結んでいるかのように、仲裁によって戦争を防止せざるをえなくなるのである。戦争をするための大規模な同盟はその性格からしてきわめて稀なものであり、成功する可能性はごくわずかなのである。

各国家はたしかにたがいに対立もしますが、その一方でみずからの経済力を高めるために交易（商業）をつうじて結びつきもします。カントによれば、この結びつきは「戦争とは両立できないもの」です。なぜなら商業とは暴力をもちいずに土地やモノ、サービスなどを交換することだからです。戦争とは暴力によって相手をしたがわせようとする行為の一つである以上、商業と戦争は本性的に相容れないのです。

したがって、国家間の交易関係が緊密になればなるほど、戦争は抑止されることになるでしょう。カントが述べているように、戦争が勃発しそうになると多くの国がそれを避けようと仲裁に入るのは、そうした交易関係を維持することが各国の利益にかなうからにほかなりません。

注意しておきたいのは、こうした交易をつうじた諸国家の結びつきは各国の利己心にもとづいて促進されることです。決して高い道徳心から各国は交易関係を深めようとするのではありません。利己心にもとづいた自国の利益追求が結果的に戦争を抑止し、平和を強固にするのです。カントがそこに「自然」の働きを認めるのは、まさにそれが利己心をつうじた平和の保証だからです。

もしかしたらこうしたカントの考えには反論があるかもしれません。自国の経済を拡大しようとする国家の利己心が戦争を引き起こすこともあるのではないか、という反論です。たとえば植民地支配は、自国の経済的利益を武力によって獲得しようとした結果生じたものです。自国の経済的利益の追求はかならずしも平和を帰結するわけではありません。

しかし、カントの意を汲んで言うなら、戦争や植民地支配はやはり商業の否定です。商業とはあくまでも武力によらずに土地やモノ、サービスを他者と交換することです。そうした商業の活動が尽きるところに戦争や植民地支配は始まります。商業がうまく機能しているあいだは暴力による経済的利益の獲得は影をひそめます。その点でやはり戦争と商業は相容れないのです。

たしかに自国の経済的利益を拡大しようという国家の利己心が戦争を引き起こすことはよくあります。植民地支配もそうした国家の利己心にもとづいています。

ただ、誤解してほしくないのは、カントは決してそういった事実を否認しているわけではないということです。カントもまた国家の利己心が戦争の大きな要因となっていることは十分認めています。カントが述べているのは、そうした国家の利己心は戦争にむかうこともあれば、商業活動をつうじて平和にむかうこともある、ということです。そして、そうした商業をつうじた平和の保証は世界市民法を補強するだけの強固さをたしかにもっている、ということです。

自国の経済的利益を拡大しようという国家の利己心が戦争を引き起こすこともあるのは事実ですが、それは決してカントの立論とは矛盾しません。その事実を指摘することでカントを批判した気にならないように注意しましょう。

永遠平和とは人類にとっての運命なのか

ここまで、永遠平和を保証する「自然」の働きについてみてきました。そこでの論点の中心になっていたのは、人間の利己心や自己保身はそれだけでも平和を実現する可能性をもっているということです。

ただ、この論点だけを取り出すと、カントはあたかも私たちが利己的にふるまってさえいればおのずから平和は実現されるかのように考えていたとみえるかもしれません。たしかにそう思われてしまいかねないような記述もあります。たとえばカントは「自然」の働きについて次のように説明しています。

ところでここで、自然があれこれのことを意志するというのは、自然が人間にそれを行うことを義務として定めているということを意味するのではない。これを行うことができるのは、強制されることのない実践理性だけだからである。自然が意志するというのは、人間が好むかどうかにかかわらず、自然がみずからそれをなすということである。「運命は欲するものを導き、欲せざるものはむりやり引きずってゆく」と言うではないか。

これを読むかぎりでは、永遠平和は人間がそれを求めるかどうかにかかわらず最終的には「自然」の働きによって実現される、とカントが考えていたようにみえます。「運命」のたとえまででてきますから、カントは永遠平和を人類の「運命」だと考えていたとさえ言いたくなるかもしれません。

とくにこの引用文では「自然」の意志が実践理性と対比されています。「実践理性」とはカント倫理学の用語で、人間が自律した状況のなかで（つまり何かを強制されているわけではない状況のなかで）道徳的な義務をみずからに課すときの理性の働きを指しています。たとえば、嘘をついてもバレない状況のなかでそれでも嘘をつかないという義務をみずからに課すときの理性の働きです。

こうした実践理性と対比されているということは、「自然」は人間に何かを強制するものとしてここでは考えられているということです。その「何か」とはもちろん永遠平和です。

そうである以上、やはり「自然」は人間に対して永遠平和を避けることのできない「運命」として定めているのであり、人間はみずからの「本性」にしたがって利己的にふるまってさえいれば永遠平和を手にすることができる、とカントは考えていたことになるのではないでしょうか。

自然のなかの理性の役割とは

とはいえ、カントが主張したかったのは決してそういうことではありません。いまの引用文の直前でカントはこう述べています。

> さてここで永遠平和の意図にかかわる本質的な問題を考察しよう。自然は永遠平和を意図することで、人間自身の理性の働きでみずから義務とする目的を実現させるために、すなわち人間の道徳的な意図を助けるために、何をするのだろうか。

ここで「人間自身の理性の働きでみずから義務とする目的」と言われているのは永遠平和のことです。つまり、人間は本来ならみずからの理性の働きによって永遠平和を実現すべきなのだが、「自然」は永遠平和を意図することでその理性の働きを「助け」てくれる、ということです。「自然」は「人間の道徳的な意図を助ける」と言われていることに注目してください。

たしかにカントは先の引用文で「運命」というたとえを使いました。しかしそれは、人間がどんなことを意図しようがかならずそうなるように定められているという意味での「運命」ではありません。「運命」とはあくまでもたとえでしかないのです。

カントが示そうとしているのは、人間が理性の働きのもとで永遠平和を実現しようと努力するなら、それを「助け」てくれるような自然の働きがたしかに存在する、ということまでです。それ以上ではありません。それ以上のことをここに読み込もうとすれば、それは必然的にカントの主張をゆがめてしまうことになってしまいます。

事実、第一追加条項についての説明の最後の部分でカントは次のように論じています。

自然はこのような方法で人間にそなわる自然な傾向を利用しながら、永遠平和を保証しているのである。もちろんこの保証は、永遠平和の将来を理論的に予言することのできるほどに十分なものではないが、実践的な観点からは十分なものであり、たんなる夢想にすぎないものではない。この目的に向かって努力することが、われわれの義務となっているのである。

「自然」の働きは永遠平和を保証しているといっても、それはどこかの将来において永遠平和が確実に実現することを意味しているわけではありません。やはり永遠平和の実現のためには私たちの努力が必要なのです。

反対にカントが「自然」の「意図」ということで示そうとしたのは、永遠平和とはたんなる理想ではない、ということです。それは人類が生存してきた現実のなかに可能性の根拠を十分もつものなのです。

カントは理想論だけで平和が実現されるとは決して考えていませんでした。カントにとって、現実のなかに可能性の根拠をもたないものは、たとえそれがいかに高尚な理想であっても実践的な意味をもちえないのです。

永遠平和を実現するためには、もともと人間にそなわっている「自然」の傾向を認識し、それをうまく利用しうるような社会の仕組みや制度を考えていくことが不可欠です。そう考えるカントはいわゆる理想主義者とはもっとも遠いところにいます。

人間がみずからの利益を実現しようとするとき、そこには二つのベクトルが存在します。一つは、武力（暴力）によって力ずくで自己の利益を実現しようとするベクトルです。もう一つは、時間はかかっても他者と信頼関係を築きながら非暴力的な手段によって——たとえば商業活動などをつうじて——自己の利益を実現しようとするベクトルです。人間はどちらにも転がる可能性をもち、二つのベクトルはつねに人間においてせめぎあっています。

そうした人間存在のあり方をあらためて認識し、人間のなかにある「自然」の傾向を平和の実現にむけて活用するには、何が必要で、どのような社会をつくるべきなのか——それを考えることこそが、カントにとって「自然」のなかで理性が担うべき役割なのです。

＊1　サモイエード人

ロシア北部に住み、ウラル語族に属するサモイエード語を話す民族の総称。うち北サモイエード語族は北極海沿岸のツンドラに住み、狩猟・漁労にしたがう。その一つネネツ族はトナカイの飼育で知られる。

第4章 — カントがめざしたもの

哲学的土台としての「付録」

最後に「付録」を取り上げましょう。『永遠平和のために』には長い「付録」がつけられています。

「付録」ときくと、それは単なる補足説明であり、それほど大切な箇所ではないのではないかと思われるかもしれません。

しかしこの「付録」では、じつはカントが『永遠平和のために』で展開した平和論の哲学的な基盤が論じられています。まさにカント哲学の核心が示されている箇所だと言っていいでしょう。

事実、「付録」といいつつも、そこには『永遠平和のために』全体の四割ほどの分量が割かれています。また難解さという点でも、この「付録」は『永遠平和のために』のなかで突出しています。それだけカントがここでの議論に力を入れていたということです。

つまりこの「付録」は『永遠平和のために』という書物にとっても、またカント哲学にとっても、きわめて重要な部分なのです。そうした重要性に鑑みて、ここでは「付録」のエッセンスをできるだけわかりやすく、しかも正確さは損ねずに、説明していきたいと思います。

道徳と政治の一致

まずは「付録」の構成をあらためて確認しておきましょう。「付録」は二つの部分に分かれており、それぞれ次のようなタイトルがつけられています。

一　永遠平和の観点からみた道徳と政治の不一致について
二　公法を成立させる条件という概念に基づいた道徳と政治の一致について

これらのタイトルからわかるのは、この「付録」では道徳と政治の一致もしくは不一致がテーマとなっているということです。

道徳と政治は、経験的に考えればかならずしも一致しません。たとえば現代社会を見渡すだけでも、収賄などの法令違反が問題となる政治家は少なくありませんし、そこまではいかなくてもハラスメントや不倫、暴言などでスキャンダルとなる政治家や行政官はあとをたちません。また、より身近に政治家と接する機会がある人なら、政治家がかならずしも道徳的・人格的に一般の人よりも優れているわけではないことはよく実感できるでしょう。

それに、政治とはそもそも権力の獲得をめざしたり、獲得した権力をもちいたりすることです。そこでは権謀術数は必要とされても、道徳的な純粋さは邪魔にさえなるでしょう。少なくとも、道徳的なきれいごとだけでは何も前に進みません。

カントもこう述べています。

> 政治は「蛇のごとくに怜悧であれ」と語り、道徳はこの命令を制限する形で、「しかも鳩のごとくに偽ることなく」とつけ加える。もしもこの二つが一つの命令のうちで両立できないならば、政治と道徳のあいだには実際に争いがあることになる。

政治と道徳では求められる姿勢や能力がまったく異なるのであり、そのことによって政治と道徳はたがいに対立することさえある、ということがここでは指摘されています。経験的な水準では政治と道徳はかならずしも一致しない、ということをカントも認めているのですね。

にもかかわらず、カントが「付録」であえて道徳と政治の一致と不一致を問題にしているのはなぜでしょうか。それは、永遠平和のためには両者は一致すべきだとカントが考えていたからにほかなりません。たとえばカントはこう述べています。

こうして真の政治は、あらかじめ道徳に服していなければ、一歩も前進できないのである。たしかに政治は困難な技術ではあるかもしれないが、道徳と政治を一致させることは、技術の問題ではないのである。（中略）むしろ政治は道徳の前に屈しなければならない。しかしそのことによってこそ、政治が輝きつづけることができる状態にまで、たとえゆっくりとではあっても、進歩することを希望することができるのである。

つまり、永遠平和が実現されるためには道徳と政治が一致しなくてはならないのです。それも、その一致は政治が道徳に服するというかたちでの一致でなくてはなりません。

カントが「付録」を書いた目的がここにあります。永遠平和の実現のためには政治はどのように道徳に服さなくてはならないのか——これを明らかにすることが「付録」に込められた狙いなのです。

法による政治の制約

もちろん、だからといってカントは「政治が高い道徳意識を獲得すれば永遠平和は実現される」といったことを主張しようとしているのではありません。

このことは、ここまで本書を読み進めてきた読者であれば容易に予想できることでしょう。人間は邪悪な存在であり、戦争へとむかう傾向性を宿しているなかで、どのように平和を確たるものにしていくか――これが『永遠平和のために』の根本的な問題意識であったことをあらためて確認しておきましょう。

したがって、私たちがここで考えるべきは、カントのいう道徳と政治の一致とはどのようなことを指しているのかということです。

まずは、そもそもなぜ道徳と政治の一致が永遠平和につながるのかを考えましょう。ヒントとなるのは次の文章です。

しかし法の概念を政治と結びつけることがどうしても必要であり、法の概念を政治を制約する条件にまで高める必要があることを考えると、政治と法の概念をどうにかして結合させねばならない。

カントはここで政治と法の概念を結びつけるべきだと主張しています。なぜ両者を結びつける必要があるのかといえば、法によって政治を制約するためです。

政治とは端的にいえば、権力にもとづいて相手をみずからの意思にしたがわせる実践のことです。その権力の行使は最終的には強制力（暴力）の行使にまでいきつくでしょう。そのため政治は法による制約がなければどこまでも恣意《しい》的に、また抑圧的になってしまいます。だからこそカントはここで「法の概念を政治を制約する条件にまで高める必要がある」と述べているのです。

こうしたカントの主張は法治国家がすでに根付いた現代の私たちからみれば当たりまえのものに思われるかもしれません。逆にいえば、それだけカントには先見の明があったということでしょう。

ただ、ここで確認しておきたいのは、永遠平和を実現するためのカントの構想とのつながりです。

カントは諸国家のあいだに法の支配が確立されることが永遠平和への道だと考えました。すなわちそこにあるのは、各国家が他国との係争を暴力によってではなく共通の法によって解決することが繰り返されることで、平和はより確固たるものとなっていく、というカントの構想です。

カントは「付録」の末尾（つまり『永遠平和のために』の最後の部分）でもこの構想を繰り返し述べています。

> 公法の状態を実現することは義務であり、同時に根拠のある希望でもある。これが実現されるのが、たとえ無限に遠い将来のことであり、その実現に向けてたえず進んでいくだけとしてもである。だから永遠平和は、これまでは誤って平和条約と呼ばれてきたものの後につづくものではないし（これはたんなる戦争の休止にすぎない）、たんなる空虚な理念でもなく、実現すべき課題である。この課題が次第に実現され、つねにその目標に近づいてゆくこと、そして進歩を実現するために必要な時間がますます短縮されることを期待したい。

この引用文で「公法の状態」を実現すべきだといわれているのは、もちろん諸国家の関係についてです。その「公法の状態」を実現することが永遠平和にいたる道であることがここでは明確に述べられています。

問題はしかし、「公法の状態」を実現すべき諸国家のあいだには、各国家を法にしたがわせる機構（世界国家）が存在しない、ということです。各国家の内部であれば、人びとを法にしたがわせる機構は存在します。それが国家です。これに対して、各国家をこえた国際社会にはそうした機構は存在しません。にもかかわらず、永遠平和の実現のためには諸国家のあいだに法の支配が確立されなくてはならないのです。

カントが法によって政治を制約しなくてはならないと主張するのはこのためです。つまり、世界国家なるものを想定することなく、いかにして政治（＝国家）を法にしたがわせることが可能となるのか――こうした問題意識がそこにはあるのです。

法による政治の制約を主張するカントの問題意識が現代の私たちにとってもアクチュアルなものであることがわかるでしょう。現代でも戦争は、国際法が機能しなかったり、国際法が恣意的にねじ曲げられたりするところに生じるからです。

道徳と政治の一致をつうじて公法の状態は可能となる

私たちの目下の問いは、そもそもなぜ道徳と政治の一致が永遠平和につながるのか、というものでした。その答えはいまや明らかです。つまり、道徳と政治の一致が永遠平和につながるのは、その一致が法による政治の制約を可能にするからです。言い換えるなら、道徳と政治の一致をつうじて「公法の状態」が国際社会に確立されるからです。

カントは次のように述べています。

> すでに指摘したように、国際法がそもそも可能であるためには、まず法的な状態が存在していなければならない。この法的な状態がない自然状態では、どのような法を考えても、それは私法にすぎない。さらにこれまで検討してきたように、戦争の防止だけを目的として諸国家が連合することが、諸国家の自由を妨げることのない唯一の法的な状態である。だから政治と道徳が合致するためには、連合的な組織が必要なのである。この連合的な組織は、原則に基づいた法の原理によって与えられる必然的なものなのである。

この引用文では、永遠平和を実現するためのカントの構想がとてもコンパクトにまとめられています。箇条書きでそれを再確認しておきましょう。

- 世界国家は諸国家の自由を妨げるため、永遠平和とは対極にあること
- 諸国家の自由を妨げることのない諸国家の連合こそが、諸国家のあいだに「法的な状態」を確立するのにふさわしいものであること

・この諸国家の連合は法の原理のもとで可能となるのであり、その法の原理をつうじて政治と道徳も合致すること

以上です。

道徳と政治の一致についていえば、その一致が国際社会における「法的な状態」の確立と相関するものであることが、この引用文では明確に述べられています。ここでいう「法的な状態」とは、法による政治の制約のことにほかなりません。つまり、道徳と政治が一致すればするほど、法によって政治は制約されるようになるのです。国際社会において法による政治の制約が実現するのは、まさに道徳と政治の一致をつうじてなのです。

細かい点ですが、ここで一つだけ注意しておきたい点があります。

この引用文では、道徳と政治が一致するためには諸国家の連合としての「法的な状態」が必要であると述べられています。つまり、道徳と政治の一致があたかも「法的な状態」の結果であるかのように記述されています。

しかし両者は「法的な状態が確立された結果、道徳と政治は一致する」というような因果関係にあるわけではありません。「付録」の全体を読めば、カントがこの引用文に

そこまで強い因果関係の意味を込めているわけではないことがわかります。

両者の関係はむしろ「道徳と政治の一致と、法的な状態の確立とは相関している」という相関的な関係として理解されなくてはなりません。国際社会における「法的な状態」の確立は道徳と政治の一致として考えられる、ということです。だからこそカントは「付録」で道徳と政治の一致を問題にしているのです。

注意点は以上です。少し議論がややこしくなってしまったかもしれません。確認として、ここまでのポイントをあらためてまとめておきましょう。

まず、永遠平和は諸国家のあいだに「法的な状態」が確立されることで実現します。そしてその「法的な状態」は道徳と政治の一致をつうじて可能となります。

なぜ永遠平和の実現のために道徳と政治の一致が問題とされるのか――その理由が明らかになったのではないでしょうか。

法の土台としての道徳

では、どのようにして道徳と政治の一致は「法的な状態」を可能にするのでしょうか。

これが次に考えたい問いです。

カントはこう述べています。

人間のうちの道徳的な原理は決して消滅することがないのであり、この原理にしたがって着実に法の理念を実現しようとする理性は、進歩をつづける文化をつうじてつねに成長していくのである。

人間はいかに邪悪な存在だとしても、同時に道徳に対して無関心でいることもできません。人間はどんなに悪いことをしても、「自分は悪くなかった」「仕方なかった」「相手のせいだ」などと自分を正当化することに余念がないからです。これは人間がいかに自分を道徳的に正当化することをやめられないのかを示しています。引用文でカントが「人間のうちの道徳的な原理は決して消滅することがない」と述べているのは、こうした洞察にもとづいてです。

引用文ではさらに、こうした道徳的な原理こそが、法の理念が実現されていくときの土台となることが述べられています。つまり、道徳的な原理の力が、法が政治を制約するときの土台となるのです。別の言い方をすれば、法が政治を制約するだけの力をもつのは道徳的な原理の力を借りることによってなのです。

ふり返れば、カントのいう道徳と政治の一致とはあくまでも政治が道徳に服するかたちでの一致でした。また「法的な状態」についても、その中身として考えられているのは、政治が法によって制約されるということでした。

どちらにおいても、道徳や法が政治を制約するという図式になっています。道徳も法も、どちらも政治をしたがわせる役割を担うものとしてカントは位置づけているのです。

そうした役割の図式のもとで、法の力の土台となるのが道徳的な原理なのです。カントは道徳について「理論的な法学である道徳」という言い方をしています。つまり道徳は法の理論的な土台をなすということです。法が政治を制約することが永遠平和への道でした。それを可能にするような理論的な根拠が道徳のなかにはあるのです。

カントにおける道徳概念

私たちはカントの道徳哲学の核心に近づいています。というのも、ここでの議論はカントが道徳をどのようなものとして考えていたのかという問題に直接つながっているからです。

カントは道徳の原理を探っていけば、法が政治を制約することを可能にする根拠をみいだせると考えました。永遠平和にむけたカントの構想は、カント自身の道徳哲学が法の理念を基礎づけることでなりたっているのです。

では、カントは道徳をどのようなものとして考えていたのでしょうか。カントは『永遠平和のために』のなかで道徳についてこう説明しています。

> 道徳とは、無条件にしたがうべき命令を示した諸法則の総体であり、すでにそれだけで客観的な意味における実践であり、人間はこれらの諸法則にしたがって行動すべきなのである。だから道徳という義務を認めておいて、あとでそれにしたがうことができないと言うならば、それは明らかに矛盾したことである。

一見するとカントはここで、いかなる場合でも道徳にはしたがわなくてはならない、と主張しているようにみえます。「無条件にしたがうべき命令」とは、どんな場合でもしたがわなくてはならない命令のことです。たとえば私たちは「嘘をついてはならない」という命令を道徳として認めるならば、どんな場合でも嘘をついてはいけません。たとえ友人を助けるためであっても、です。そうした「無条件にしたがうべき命令」こそ、道徳の姿であるということです。

実際、これまで多くの研究者はこのようなものとしてカントの道徳概念を理解してきました。もちろんそれはそれで間違いではありません。が、そうした理解はかならずしも十分なものとは言えません。

第1章で言及したカントの論文「人間愛からならうそをついてもよいという誤った権利に関して」を思い出しましょう。

そこでは、暴漢から友人を助けるために嘘をつくことは許されるかが問題になっていました。これについて多くの人は許されると考えるでしょう。しかしカントは許されないと考えました。

なぜかというと、私たちは自分の行為の結果を決して完全にはコントロールすることができないからです。右の例で言えば、友人を助けようと暴漢に嘘をついたら、それが裏目にでてしまい、嘘をつかなかったときよりもさらにひどい目に友人があってしまうかもしれません。

しかし、私たちは自分の行為の結果をコントロールできるという前提で、

「嘘をついた結果、友人は助かる」

「本当のことをいった結果、友人は殺される」

という二つを比べて、嘘をつくことを選択します。結果が異なるものを比較すれば、

結果のよいほうを選ぶのは当然です。

とはいえ、こうした比較では「嘘をついてはならない」という道徳を正当に評価することはできません。というのもそこでは条件（この場合は、友人が助かるか殺されるかという結果）が違うものを比べているからです。「嘘をついてはならない」という道徳を正当に評価するためには、比較の対象の条件を同じにする必要があるのです。つまり、

「嘘をついた結果、友人は殺されてしまう」

「本当のことをいった結果、友人は殺されてしまう」

という比較です。

もし「友人は殺されてしまう」という条件が同じなら、私たちはどちらのほうにより罪悪感を抱くでしょうか。当然「嘘をついた場合」です。そちらの場合のほうが私の作為がより強く作用しているからです。それだけ私たちは「嘘をついてはならない」という道徳に価値を置いているのです。

これこそ、カントが「無条件に」ということを強調する理由です。

特定の具体的条件のもとでは私たちは道徳の価値を正当に考察することができません。条件をフリーにすることで（すなわち条件を無化することで）はじめて私たちは道

徳がどのような力をもっているのかを認識することができるのです。

カントが道徳を考えるときに、人間は自分の行動の結果をコントロールすることができないという前提にたつのも、同じ理由からです。そうした前提にたつことは、道徳をとりまく具体的な条件を無化することにほかなりません（行動の結果はわからないという前提にたつことになるため）。

事実、私たちは究極的には自分の行動の結果をコントロールすることはできません。これは言い換えるなら、道徳をとりまく具体的な条件は究極的にはつねに無化されうるということです。

先の例でいえば、私は友人が私の行為の結果として助かるのか殺されてしまうのかまったくわからない状況のなかで「嘘をつくべきかどうか」を判断しなくてはならない、ということです。これは、無条件的な状況のなかで「嘘をつくべきかどうか」を判断しなくてはならないことと同じです。言い換えるなら、道徳はつねに無条件的な状況のなかで私たちにしたがうべきだと迫ってくる力をもっているのです。

私たちは通常、具体的な状況のもとで特定の条件を勘案しながら道徳的な判断をしています。そのため、無条件にしたがうべきだと迫ってくる道徳の力をなかなか実感することはありません。しかし理論的に考えるなら、道徳は無条件にしたがうべきだと迫ってくるところにこそ本来の姿を示すのです。

道徳の形式から出発すべき

カントの道徳概念についてさらに考察を深めましょう。カントは「付録」のなかで次のようにも述べています。

実践哲学における自己矛盾をなくし、実践理性の課題を実現するためには、理性の内容的な原理から出発するのか、形式的な原理から出発するのかをまず決定しておく必要がある。理性の内容的な原理は、意志の任意の対象としての目的を重視するものであり、理性の形式的な原理は、目的のもつ内容そのものは問わずに、外的な関係における自由だけに依拠して、「汝の主観的な原則が普遍的な法則となることを求める意志にしたがって行動せよ」と命じるのである。

ところで実践哲学においては、この形式的な原理を優先する必要があるのは疑いえないところである。この形式的な原理は法原理として、無条件的な必然性をそなえているからである。

かなり難解な文章です。はじめてこの文章を読んだ人はここで何が論じられているのかさっぱりわからないかもしれません。

引用文では「実践哲学」や「実践理性」といったカント哲学の用語がでてきます。ここでいう「実践」とは「道徳」のことです。したがってそれぞれ「道徳哲学」「道徳をめぐる理性（考え）」といった意味で理解してください。

この引用文におけるもっとも大きなポイントは、カントが道徳を「内容」と「形式」に分けていることです。引用文の内容を要約すると次のようになります。すなわち、実践哲学には道徳の「内容」から出発するやり方と道徳の「形式」から出発するやり方があるが、実践哲学は本来「形式」から出発すべきである、と。

道徳の「内容」とは何でしょうか。それは個々の道徳における具体的な内容を指しています。たとえば「嘘をついてはならない」という道徳命題がそれに当たります。

こうした道徳の「内容」はどうしても特定の条件と切り離せません。たとえば「暴漢から友人を助けるために嘘をつくことは許されるか」といった問いのように、です。

この点について引用文ではこう指摘されています。「理性の内容的な原理は、意志の任意の対象としての目的を重視する」と。

いまの例で言えば「暴漢から友人を助けるために」というのがここでいう「目的」に

当たります。つまり、道徳の「内容」から出発するかぎり、実践哲学は「暴漢から友人を助けるために」といった目的に振り回されてしまい、道徳について正しく考察することができなくなってしまうのです。

こうした弊害を避けるために、実践哲学は道徳の「形式」から出発しなくてはならない、とカントは主張しているのです。

では、その道徳の「形式」とは何でしょうか。それは道徳からあらゆる「内容」を取り除いたものです。

道徳からあらゆる「内容」を取り除けば、道徳は具体的な特定の条件からも切り離されます。そうなれば道徳は、無条件にしたがうべきだと迫ってくる本来の姿をあらわすことになるでしょう。引用文ではそれを「無条件的な必然性」と表現しています。

道徳の形式的な原理とは何か

とはいえ、具体的な「内容」のない道徳なんて、そもそもどう概念化すればいいのでしょうか。

次のように考えましょう。

たとえば私たちの多くは、友人を暴漢から助けるために嘘をつくべきかどうかという状況におかれたら「嘘をつくのもやむをえない」と考えるでしょう。つまり、私たちは一般的には「嘘をついてはならない」という道徳が正しいものであることは承知していても、こうした特殊な条件のもとでは「友人を助けること」を「嘘をついてはならない」という道徳よりも重視するのです。このとき私たちは「嘘をつく」という選択をすることを決して道徳的に恥ずべきことだとは考えません。むしろ道徳的に正しいことだと考えます。なぜでしょうか。それは「誰だって同じ状況になれば、同じように嘘をつくはずだ」という思いがあるからです。

この「誰がやっても問題ないと思えることを、自分はする」というのが道徳の「形式」に当たります。

道徳からあらゆる具体的な「内容」を取り除いたうえで、それでもなおその道徳が「正しい」といえるためには、「自分だけでなく誰がやっても問題ないといえるかどうか」を基準にするしかありません。自分だけは許される、という行為は決して道徳的な正しさを獲得できないからです。

引用文ではこうした道徳の「形式的な原理」は次のように説明されています。「汝の主観的な原則が普遍的な法則となることを求める意志にしたがって行動せよ」と。

これも難解な文章ですね。これを平易な表現に言い換えるとこうなります。「自分がとろうと思っている行動の原則が誰がやっても問題ないといえるものとなるように行動せよ」。

これをさらに平易な表現にすると「誰がやっても問題ないと思えることだけをおこなえ」となります。

ここにあるのは道徳の「普遍化可能性」とでもいうべきものです。「普遍化可能性」とは「自分だけでなく誰がやっても問題ないといえるかどうか」という判定基準に適合しうる、ということです。道徳の正しさは、それがどのような具体的条件にあるとしても、普遍化可能かどうかで測られるのです。

こうした普遍化可能性こそ、カントの考える道徳の本質にほかなりません。すなわち、道徳の本質である、あらゆる具体的な内容を捨象《しゃしょう》した道徳の形式的な原理とは、「他人にされていやなことは自分もしてはならない」「誰にされても問題ないと思えることだけを自分もせよ」と命じる理性（実践理性）のことなのです。

カントはこうした道徳の普遍化可能性をきわめて重視しました。

カントが道徳を「無条件にしたがうべき命令」だと述べるのもそのためです。どのような条件のもとであれ、道徳は「自分だけでなく誰がやっても問題ないといえることだけをおこなえ」、すなわち「普遍化可能なことだけをおこなえ」と命じてくるのです。

したがって、カントのいう「無条件にしたがうべき命令」という説明を、たとえば「どんな場合でも嘘をついてはならない」というように、具体的な内容によって理解することはやはり適切ではありません。そのとき問われている道徳がどのような内容か、どのような条件のもとにあるのか、ということにかかわりなく、道徳には無条件にしたがうよう命令してくる形式的な原理があるのです。

法における普遍性への志向性

いまの引用文ではもう一つ重要なことが述べられています。それは「この形式的な原理は法原理として、無条件的な必然性をそなえているからである」という部分です。この部分がなぜ重要なのかはもうおわかりでしょう。道徳がどのような点で法の土台となるのかがここで言及されているからです。つまり、道徳が法の土台となるのは、その形式的な原理をつうじて、なのです。

これが意味するのはどのようなことでしょうか。それは、法もまた道徳と同じ形式的な原理をそなえており、「誰もがしたがわなくてはならないことこそが正しい」という普遍化への要請を必然的にともなう、ということです。

カントは、法もまた道徳と同じ形式的な原理をもつことに着目しました。なぜ法は道徳と同じ形式的な原理をもつのでしょうか。それは、法そのものがみずからの正しさを追求するものだからです。

法とは、権力をもった人間や組織がみずから決定したルールに人びとをしたがわせるものであると同時に、みずからの正しさを主張せずにはいられないものでもあります。いくら大きな権力をもった人間や組織であっても、みずからの決定したルールを法として施行するときに「この法は正しくないが、したがえ」とは決して言えません。

このように法は、みずからの正しさを追求せずにはいられないという点で、道徳と同じ形式的な原理をもつのです。

この形式的な原理は「誰もがしたがわなくてはならない法こそ正しい法である」という普遍化への要請を必然的にともないます。なぜなら、法を制定する政治権力がどれほど強大であっても、その政治権力は「そんなに法が正しいと主張するなら、自分がまずはしっかりとその法にしたがうべきだ」という要求に必然的にさらされてしまうからです。

法はみずからの正しさを追求すればするほど「自分だけは法の適用をまぬがれられる」という例外を許容できなくなるのです。これが、正しさを追求する法の形式的な原理にほかなりません。その形式的な原理は、法に立脚する政治権力に対して「自分だけは法にしたがわなくてもいい」といった例外を決して認めることができないのです。

法に制約されてしまうという必然性

法による政治の制約が可能になるのは、こうした法の形式的な原理によってです。

国際社会では強国がみずからに都合のいいように国際法を制定したり解釈したりすることがしばしばみられます。しかしそれでも、その制定や解釈が正しいものだとその強国によって主張されるかぎり、いずれはその正しさの主張が強国自身をも縛ることにならざるをえません。「自分で正しいと主張している以上、まずは自分がその正しさを守れ」という要求がどうしても法の原理から生まれてきてしまうのです。

第2章でも言及したように、そもそも国際社会において各国は少なくとも見かけ上は法に敬意を払っているようにふるまわざるをえません。このことは、いかに自分に都合のいいように法をねじ曲げて活用している国家にとっても変わりません。

というのも各国は、法に敬意を払っているようにふるまわなければ、みずからの正しさを他国に示すことができないからです。法的な正しさを失うことは、法的な存在である国家にとって致命的です。その結果、どんな悪行を企てていようとも、国家は法を尊重しているようにふるまわざるをえず、不可避的に法の制約のもとに置かれることになるのです。

こうした法の原理こそ、永遠平和が実現されうる現実的な根拠としてカントが考えるものにほかなりません。

カントはそれを引用文で「(法原理の)無条件的な必然性」と呼んでいます。法は、どのような条件のもとでも各国がその正しさの追求に縛られてしまうという必然性をもっているのです。そして、その法の普遍化の作用が――たとえゆっくりとした歩みであるとしても――繰り返され、広がっていくことで、国際社会にも「法的な状態」が確立されていくのです。

カントは道徳と政治の一致をつうじて国際社会にも「法的な状態」が確立されていくと論じました。どのようにして道徳と政治の一致がそれを可能にするのか、ようやく明らかになりました。

道徳と政治の一致とはあくまでも政治が道徳に服するかたちでの一致です。正しさを追求する道徳の形式的な原理によって、つまり正しさの普遍化作用によって、法もまた政治を制約することが可能となるのです。

法の公開性という形式

したがってカントが法に期待するのも、個々の内容ではなく形式です。とはいえ、一つ疑問がわいてきます。法は道徳と同じ形式的な原理をもつとはいえ、法の形式には何か固有なものはないのだろうか、という疑問です。

なぜこのような疑問がでてくるのかといえば、法には道徳とは異なる固有の特徴があるからです。まず、法は原則として明文化された体系によってなりたっています。道徳はかならずしも明文化されているわけではありません。また、法は――たとえそれが正しさを追求するものであるとしても――権力を背景に制定されるものです。

こうした特徴をもつ以上、法は道徳と同じ形式的な原理をもちつつも、その形式には、法の普遍化可能性を担保する固有なものが含まれるのでなくてはならないはずです。それはいったい何でしょうか。

この点についてカントはこう述べています。

> 国家における国民と国家間の関係に関して経験によって与えられているさまざまな関係から、法学者がふつう想定するような公法のすべての内容を捨象してみよ

う。すると残るのは公開性という形式である。いかなる法的な要求でも、公開しうるという可能性を含んでいる。公開性なしにはいかなる正義もありえないし（正義というのは、公に知らせうるものでなければ考えられないからだ）、いかなる法もなくなるからだ（法というものは、正義だけによって与えられるからだ）。

カントはここで、法の具体的な内容を捨象したあとに残るのは法の「公開性」という形式だと述べています。ここでいう「公開性」とは法を「公開しうるという可能性」のことです。カントによれば、公開しうるという可能性に立脚していなければいかなる法もなりたちません。

なぜ公開性という形式が法には必要なのでしょうか。その理由は、法が追求する正義にかかわっています。

法は、それがいかなる悪法であっても、正義に根ざしていると主張することでみずからを正当化します。ただしその正義は私的なものであることはできません。なぜなら法それ自体が、人びとに対して「みずからにしたがうべき」という公的な要求をするものだからです。そうである以上、法が主張する正義は公に認められうるものであらざるをえません。引用文で「公開性なしにはいかなる正義もありえない」と言われているのはそのためです。と同時に、そうした正義にもとづく（と少なくとも主張する）法も決して公開性なしにはなりたたないのです。

カントによれば、こうした公開性は法がなりたつためのそもそもの条件です。法はみずからをなりたたせるために公開性――つまりそれが根ざす正義は公的に主張しうるものであること――という形式をとらざるをえず、だからこそ法は普遍化可能性をもつのです。

近年では「アカウンタビリティ」（説明責任）という概念が、法の内容についても政府の政策についても厳しく問われるようになりました。「アカウンタビリティ」とは、公的に説明がつくかどうかをその「正しさ」の根拠にすべきだ、ということを求める概念です。公的に説明がつかないかぎり、その政策なり法の内容は正しいとは考えられない、ということです。

この点で言えば、「アカウンタビリティ」とはきわめてカント的な概念です。言い換えるなら、カントが主張した法の公開性という考えは現代でも拡大・発展し続けているのです。

カントの形式愛

ここまで私たちは「付録」を読み解くことで、カントの平和論がどのような哲学によって支えられているのかを考察してきました。

カントは理想主義者でもなければ、一般的に想定されるような道徳主義者でもありません。カントの道徳哲学はきわめて厳格なものですが、その厳格さは崇高な人間愛に由来するものではありませんでした。

カントの道徳哲学の根底にあるのは、人間愛ではなく、いわば「形式愛」です。つまり道徳や法がもつ形式への愛ですね。

カントは『永遠平和のために』の終わり近くでこんなふうに述べています。

> 人間愛と人間の法にたいする尊敬は、どちらも義務として求められるものである。しかし人間愛は条件つきの義務にすぎないが、法にたいする尊敬は無条件的な義務であり、端的に命令する義務である。法にたいする尊敬の義務を決して踏みにじらないことを心から確信している人だけが、人間愛の営みにおいて慈善の甘美な感情に身をゆだねることが許されるのである。

人間愛とはあくまでも道徳における一つの「内容」です。「形式」ではありません。

したがってそれは特定の条件のもとでつねにジレンマにおちいってしまう可能性をはらんでいます。たとえば二人の人間が海でおぼれていて、私はその二人をともに助けたいのに、あいにく救援ボートにはあと一人しか乗せられない、どうすべきか、というようにです。

こうしたジレンマは、道徳の「内容」がいやおうなく直面してしまうという点で、先にみた「暴漢から友人を守るために嘘をついてもいいかどうか」というジレンマと同じです。

カントはこうした「条件つきの義務」である人間愛よりも「無条件的な義務」である「法にたいする尊敬」を優先させるべきだと述べています。道徳の「内容」ではなく「形式」を重視せよ、ということです。

第1章でもふれたように、カントの墓碑銘はこう書かれていました。

「我が上なる星空と、我が内なる道徳法則、我はこの二つに畏敬の念を抱いてやまない」

形式への愛という観点から読むと、この墓碑銘の意味がよくわかるのではないでしょうか。

人間の本質を善ととらえて平和を希求する理想論は、誰にとっても心地よくきこえるものです。それに対して、人間の本質を邪悪なものととらえ、形式のもつ力によってしかその邪悪さを克服できないと考えたカントの平和論は、もしかしたら非人間的で冷徹なものに映るかもしれません。しかし、どれほど美しくても、ナイーブな理想論が平和を構築するためにいかに無力であったのかということは、人類の歴史が示しています。

人類は理想のためにすら戦争をします。「人類の敵」という言葉があるように、人間愛のためにすら戦争をします。

それを考えるなら、平和を少しでも確たるものにするためには理想論をこえた哲学が必要です。それがあってはじめて私たちは、人間愛についてと同様、理想論における「甘美な感情」に身をゆだねることが許されるのです。

読書案内

◉カントの著作

ここでは実践哲学（道徳哲学）にかかわるカントの著作を中心に紹介したいと思います。

『永遠平和のために／啓蒙とは何か　他3編』中山元訳、光文社古典新訳文庫、二〇〇六年

カントの『永遠平和のために』にはいくつかの日本語訳があり、それぞれに特徴があります。ここでは読みやすさと手に入れやすさという点で、この光文社古典新訳文庫版を選びました。「啓蒙とは何か」など、カントの重要なほかの論考も収録されており、その点でもおすすめします。

『実践理性批判――倫理の形而上学の基礎づけ』熊野純彦訳、作品社、二〇一三年

『実践理性批判』はカントの実践哲学における最重要書であり、『純粋理性批判』『判断力批判』とともにカントの主要三著作をなす書物です。その主要三著作をまとめて「三批判書」と呼ぶこともあります。この熊野純彦訳は、精確さと読みやすさを両立させたすばらしい日本語訳で、カントの実践哲学をより深く学びたい人には格好のテキストです。

『道徳形而上学の基礎づけ』中山元訳、光文社古典新訳文庫、二〇一二年

右の『実践理性批判』を読んだけれど難しすぎて歯がたたなかった、もしくは『実践理性批判』は難しそうなのでいきなり読むのは躊躇《ちゅうちょ》してしまう、という人には、まずはこちらの著作を読んでいただければと思います。解説もていねいで、これからカントの実践哲学を学びたい人には格好の著作です。

「人間愛からならうそをついてもよいという誤った権利に関して」尾渡達雄訳、『カント全集　第十六巻』所収、理想社、一九六六年

本書で言及したカントの「嘘」論文です。この論文のなかでカントは、暴漢から友人を助けるために嘘をつくことは許されるか、という問題を論じています。多くの研究者

がこの論文をどう解釈したらいいのかに頭を悩ませてきました。カントの実践哲学を概念のレベルだけで理解することの不十分さをわからせてくれる論文です。

『カント全集11　人倫の形而上学』樽井正義・池尾恭一訳、岩波書店、二〇〇二年

カントがみずからの道徳哲学と法哲学を一つにまとめて体系化したのが本書です。『永遠平和のために』もまたカントがみずからの道徳哲学を法概念の土台として展開したことによってなりたっていました。三批判書に比べ、この著作についての研究はそれほどさかんではありませんが、カントがどのように法や政治の領域でみずからの実践哲学を展開したのかを理解するために、もっと注目されてもよい著作です。

◉カントの実践哲学の現代における展開

ここではカントの実践哲学を現代において継承・発展させている著作を紹介したいと思います。

ユルゲン・ハーバーマス『他者の受容　多文化社会の政治理論に関する研究』高野昌行訳、法政大学出版局、二〇一二年（新装版）

ハーバーマスは現代のドイツを代表する哲学者です。ハーバーマスはこの著書のなかで、カントの『永遠平和のために』がいかに現代における自由の保証を考えるうえで先見性をもっているのかということを、カントの実践哲学にまでさかのぼって論じています。

ジョン・ロールズ『正義論（改訂版）』川本隆史ほか訳、紀伊國屋書店、二〇一〇年
ロールズは現代アメリカの哲学者であり、現代におけるリベラリズムの哲学的基礎を築いた政治哲学者です。彼の『正義論』は現代のリベラリズムを考えるうえで最重要の書物といっても過言ではありません。このロールズの著作を読むと、現代のリベラリズムに対してカントの実践哲学がいかに深い影響をあたえているのかを理解することができます。

ジャック・デリダ『歓待について』廣瀬浩司訳、ちくま学芸文庫、二〇一八年
デリダは現代フランスの著名な哲学者です。そのデリダが『永遠平和のために』における「歓待」の概念を本書で肯定的に援用したことで、『永遠平和のために』は現代の人文思想界であらためて注目されるようになりました。ただし、デリダの本書での試み

がカント哲学の可能性をどこまで広げているのか、むしろカント哲学から後退してしまっているのではないか、という点は冷静に見極められる必要があります。

萱野稔人『死刑　その哲学的考察』、ちくま新書、二〇一七年

手前味噌で申し訳ありません。カントは右に挙げた『人倫の形而上学』のなかで死刑を肯定しています。本書で私は、カントの実践哲学を厳密に解釈するなら道徳とはどのようなものだと考えられるか、という点にまでさかのぼって死刑の是非について考察しています。

あとがき

哲学の歴史においてカントはもっとも有名な哲学者のひとりです。と同時に、カントはきわめて誤解されやすい、そして実際に誤解されてきた哲学者でもあります。なかでも『永遠平和のために』は、その書名があたえる印象もあって、「理想主義者であるカントがみずからの理想を説いた書物である」という誤ったイメージをしばしばもたれてきました。

本書で私はそうしたイメージがいかに『永遠平和のために』の実際の内容とかけ離れたものであるのかを示そうとしました。そして、カントがいかに厳密かつ現実的な思考によって永遠平和の実現可能性を探求しているのかを示そうとしました。

カント哲学のなかでもっとも誤解されやすいものの一つが道徳についてのカントの哲学です。『永遠平和のために』はその道徳哲学を下敷きにしていますから、その点でもこの著作は誤解されやすいと言えるでしょう。

ただし、逆に言えば、『永遠平和のために』はカントの道徳哲学を理解するための格好の入り口でもあります。そしてカントがその道徳哲学をどのように現実の問題と結びつけていたのかを知るための格好の材料でもあります。

本書では『永遠平和のために』のこうした特徴を活かして、カントの道徳哲学のエッセンスをできるだけわかりやすく、しかし正確さは損なわずに提示しようとしました。そのさいに心がけたのは、カント哲学についての前提知識がまったくない人でも一からカントの思考をたどれるようにすることです。

残念ながら、これまでの多くの解説書や入門書は、カント哲学の用語や結論の部分を説明するだけで、なぜカントがそのような考えにいたったのかを読者がたどれるようには書かれていません。しかしそれでは、カント哲学についての「知識」を得ることはできても、カント哲学をみずからの思考のもとで「理解」することはなかなかできません。

どこまで成功しているかは別として、本書がめざしたのは、カントの哲学を私たち自身がみずからの思考のもとで「理解」し、さらにはカント哲学をつうじて私たち自身が哲学することです。

とりわけ『永遠平和のために』は、現代の私たちにとっても重要な課題である平和の実現の可能性を探求している書物です。したがって、この書物の内容を知識として知るだけではこの書物の読み方としては十分ではありません。やはりそこで求められるのは、カントの哲学をつうじて私たち自身が平和の実現可能性を思考することです。そのための思考の手引きを提供することが、本書を執筆するうえで私が重視したことです。

本書はもともとＮＨＫ・Ｅテレの番組「１００分de名著」のテキストとして出版されました。今回それを単行本化するにあたって、そのテキストを全面的に書き換えました。その結果、本書は実質的には書き下ろしに近いものとなっています。

本書の出版にさいしてはＮＨＫ出版の粕谷昭大氏にひとかたならぬお世話になりました。感謝申し上げます。

二〇二〇年三月

萱野稔人

本書は、「NHK100分de名著」において、2016年8月に放送された「カント『永遠平和のために』」のテキストを底本として大幅に加筆・修正し、読書案内などを収載したものです。なおカント『永遠平和のために』の引用は、『永遠平和のために／啓蒙とは何か 他3編』（中山元訳、光文社古典新訳文庫、二〇〇六年）によります。

装丁・本文デザイン／菊地信義＋水戸部 功
編集協力／中村宏覚、湯沢寿久、西田節夫、
福田光一、小坂克枝
本文組版／㈱ノムラ
協力／ NHKエデュケーショナル

p.001 カント肖像
p.015 カント44歳時の肖像（TPG Images ／PPS通信社）
p.051 書斎のカント（Bridgeman Images ／PPS通信社）
p.105 故郷ケーニヒスベルク（現・ロシア領カリーニングラード）のカント銅像
（Alamy ／PPS通信社）
p.133 カリーニングラードにあるカントの墓（Alamy ／PPS通信社）

萱野稔人（かやの・としひと）

1970年愛知県生まれ。津田塾大学総合政策学部教授·学部長。専門は政治哲学、社会理論。パリ第10大学大学院哲学科博士課程修了。博士（哲学）。著書に『国家とはなにか』（以文社）、『新·現代思想講義 ナショナリズムは悪なのか』（NHK出版新書）、『死刑 その哲学的考察』（ちくま新書）、『リベラリズムの終わり』（幻冬舎新書）など。

NHK「100分 de 名著」ブックス
カント 永遠平和のために～悪を克服する哲学

2020年4月25日　第1刷発行
2024年1月30日　第4刷発行

著者————萱野稔人

発行者———松本浩司

発行所———NHK出版
〒150-0042　東京都渋谷区宇田川町10-3
電話　0570-009-321（問い合わせ）　0570-000-321（注文）
ホームページ　https://www.nhk-book.co.jp

印刷・製本—広済堂ネクスト

Printed in Japan　ISBN978-4-14-081816-9　C0090